教師と子どものための働き方改革

あなたが大切にしたい「教師の仕事」は？

塩崎義明

プロローグ1

時短術を学んでも楽にならないのはなぜ？

学校が「ブラック」と表現され、それに応答するように、教師の働き方改革・時短術・業務改善に関する書籍が次々と発行されています。

時間の使い方や仕事をチョイスする教師のスタンス、そしてそれぞれの仕事の進め方の工夫や、パソコンの利用の仕方から教師の机上の使い方まで、どの書籍もことこまかに解説してくれています。

しかし、残念ながら教師の苦しさは少しも解消されません。あいかわらず、夜遅くまで職員室に留まらなければならない現実は変わらないのです。

そこで、これらの書籍に学びながらも、これまでのものとは違った角度で教師の「忙しさ」「働き方」を考えてみる必要があるのではないかと思いました。

本書でまず考えたのは、教師の多忙化は教師個々のスキルの問題だけで解決できるものではない、ということです。もちろん、個々の仕事を合理化し、無駄を省くことは有益です。ただ、現場全体の異常な忙しさの根本にある問題を解決していかないと、結局は教師個々にその大変さが返ってくるということです。時短はみんなの問題であって「自短」ではないということです。

あるいは、そもそも私たちは何のために時短や業務改善に取り組まなければならないのでしょうか。「忙しいから」に他なりませんが、それは私たちの仕事の進め方に問題があるからでしょうか。学校現場の異常で、時に理不尽な忙しさは、現場を忙しくさせているものの正体を考えなければ解決に至りません。私たちを苦しめている背景に何があるのかが見えてきたとき、今、どんな仕事を優先しなければならないのか、自分自身が大切にしたい「教師の仕事」は何なのか、そしてそれらの仕事に対するスタンスも見えてくるのではないでしょうか？　それだけではありません。理不尽な現状を変えていこうという声が、日本の学校現場を変えていく力になりえるということです。

なんのための働き方改革・時短か

教師が精神的疾患で休職する数は年間5千人を超えています。現場感覚ではさらに増えているように感じるのですが、数字上はここ数年は横ばいで、増えていません。これはおそらく、教師の絶対数が増えていないことや、教師の数が足りなくて（代替教員が不足していて）簡単に休職を申し出られないという事情もあるのではないでしょうか。つまり、数字には現れない様々な事情があるのです。ですから、休職にまでは至らずとも、「隠れ精神疾患」とも言える教師は増えているかもしれません。

そして、教師が苦しい状態にあるのなら、子どもたちに笑顔があるはずがありません。そこで本書では、「子どもたちの笑顔に出会うための働き方改革」を考えたいと思います。教師の苦悩が子どもたちの不安や、とてつもない孤独感を生み出していることとリンクしていることがイメージできれば、何をこそ優先させなければならないのかが見えてくるのではないでしょうか。

教師の仕事の七つのレベル

以上のことをふまえて本書では、第1章で、学校現場の異常な忙しさの背景と子どもの苦悩について考察してみました。少し固い文章になっているかもしれませんが、ここの「押さえ」がないと、2章以降の話題を積み上げていけません。後回しにしてもよいのでぜひ目を通してください。

さて、現場の忙しさの背景を学んでいくと、教師の仕事には具体的に次の七つのレベルがあることが見えてきます。

レベル1　やってはいけないもの
レベル2　やらなくてよいもの
レベル3　やっておけばいいこと

レベル4　やること
レベル5　やらねばならないこと
レベル6　やりたいこと
レベル7　やれたらいいなと思うこと

私たちは、与えられた仕事が、この七つのうち、どのレベルになるのかを瞬時に嗅ぎ分けなければなりません。（それを嗅ぎ分けるために第1章を読んでください。）

私の場合は、基本的にレベル1と2（やってはいけないもの、やらなくてよいもの）はやりませんでした。特にレベル1だと判断したことには、勇気を出して、管理職等に異議申し立てもしました。

逆にレベル6、7（やりたいこと、やれたらいいなと思うこと）に取り組むときは、楽しくてしかたがありませんでした。見通しと夢をもって仕事ができました。

そこで、第2章ではまず「やってはいけない、やらなくてよい」と判断した仕事にどう向き合ったのかを、具体的な実践事例を通して書いてみました。続いて、第3章では、レベル3、4（やっておけばいいこと、やること）についてどう取り組むのか、つまり「誰にでもできる時短術」を紹介しておきたいと思います。第4章ではレベル5（やらねばならないこと）についてです。そして、第5章ではレベル6、7（やりたいこと、やれたらいいなと思うこと）に取り組むときに、指導の工夫や見通しについてどう「発想」していくのかの発想術を紹介します。

異常で理不尽な忙しさからとりあえず身を守りたいときには、第3章または第2章から読み始めてください。1章はあらためて読むか、学習会で読み合う等、ご利用ください。

なお、本書で紹介している実践事例は事実に基づいていますが、登場人物の個人情報保護と、読者により伝わりやすくすることを考慮して、個人名はもちろん事象についても多少のフィクションを交えていることをお断りしておきます。

プロローグⅡ

「忙しくて仕事ができない」

私は、１９８１年から小学校の教員として勤務し始めました。

その頃はまだ学校週６日制でしたが、「学校現場が忙しい」という話題は当時からすでにありました。「教材研究の時間が欲しいねえ」というのが、当時の教師の定番の愚痴でした。当時は、「忙しくて教材研究ができない」ことが現場の悩みでした。

当時の「忙しさ対策」の中心は「会議を減らす」ことでした。子どもも下校後の時間を、教材研究をする時間としてどう確保するかを話し合いました。また、学校行事を見直し、子ども一人ひとりと向き合い、豊かな授業展開ができるようにも話し合いました。

やがて２０００年代になり、学校週５日制がスタートしました。１日休みが増えたのは一見、いいことのようにも見えますが、学力向上、そしてそのための授業時数確保などが厳しく問われるようになった気がしました。あるいは、土曜日の分を平日に詰め込むため、授業準備等の時間の使い方も変わり、割と自由だった「教師の放課後」がなくなりました。さらに池田小事件（２００１年、大阪教育大学附属池田小学校で起きた小学生無差別殺傷事件）をきっかけに、学校が「危機管理優先」となり、それに伴う様々な対応や、説明責任のための実務が増えてきました。教師の精神的疾患による休職者数が増えてきたのもこの時期からでした。

その頃の職員室の愚痴は「忙しくて授業ができない」でした。子どもたちにプリント学習をさせておいて、担任は学級会計の処理やテストの丸つけをするといった風景が増えてきたのです。まさに「授業ができない」状態に陥りました。

やがて２００６年、教育基本法が改正され、一斉・一律、競争の教育が広がり、統一された指導方法に合わせることに時間を使わなければならなくなりました。目の前の一人ひとりの子どものことが気になりながらも、統一させる仕事と、目に見える成果を出すことに追われることになったのです。

そうして最近の職員室の愚痴は、「忙しくて仕事ができない」になりました。

多くの小学校では、子どもを帰すのは4時近くです。その後、職員室に戻り会議を終えると、たちまち退勤時間です。「やっと終わった、さあ仕事をしよう」という気持ちになるのが6時頃からでしょうか。

「忙しくて仕事ができない」という表現は、子どもの指導こそ教師の仕事だと考えるとおかしな表現です。しかし、講演会等でこの話をすると、爆笑した後にうんうんと深く頷いてくれるのです。

「ブラック」になった現場に悲しみと怒りを

2013年、私は「学校がブラック企業化している」というタイトルでブログを書きました。当時、「ブラック企業」と呼ばれる企業があることが話題になっていました。それを聞いて、学校も同じようにブラック企業化していると感じたからです。そこには次のような詩を記事として投稿しました。

教材研究ができないほど忙しい……、
忙しくて、授業をする時間がない？
忙しくて、仕事をする時間がない！

ここ数年で、多くの仲間が病み、
何人かの仲間が、命を落とした。
学校が「ブラック企業」化している。

子どもたちのためではなく、説明責任を果たすためだけの異常な忙しさ。
「ちゃんとやってます！」という証拠書類作りと、形だけの研修
指導書の解説本をなぞるだけならまだまし？
プリントをやらせて、その間別の仕事をやらなければならない異常な現実。
異常な仕事量を押し付けておいて、
「ノー残業デーだから早く帰れ」

「個人情報保護のために家に仕事を持ち帰るな」
いったいどこで、いつ仕事をすればいいのか……。

「足並みをそろえましょう」？
個性を捨て、自分をごまかしているうちに……
気がついたら子どもたちが離れていっていった……

そんな、私も含めた多くの教師に残された道……
ひらきなおり
もう、すてきな教師、できる教師になろうとしないこと。
子どもと一緒に、なにもかも「あそんで」みよう。
そして時には、一緒に荒れてみよう
子どもたちの目から学級・学校がどう見えているのか、
子どもたちの目から、仲間がどう見えているのか、
子どもたちの目から、大人・社会がどう見えているのか、

それが見えた時、
真の子どもたちの声と、
子どもたちにとって大切な「学び」が見えてくるのかもしれない。

最近では、誰が言い出したのか「学校ブラック」という言葉が使われるようになりました。学校を、最初に「ブラック」と表現したのは自分だ、などと主張するつもりはありません。大切なことは、同じ時期に（２０１０年前後に）多くの方が、学校が「ブラック」化したと感じたということです。

私は学校現場の異常で理不尽な忙しさに、悲しみと怒りをもって向き合いたいと考えています。本書は、単に効率化を図るための時短術の紹介ではありません。本書が、体調を崩し、命を落とした仲間に当事者性をもち、現場の仲間に勇気と元気を与えられるものになることを願っています。

目次

第2章 自分の意見を言うことから「働き方改革」は始まる

第1章
多忙化の中での教師の苦悩

ようやく学校の多忙化に光が当たり、社会的にも少しずつ問題が共有されるようになってきました。しかし、改善まではまだまだ時間がかかるでしょうし、学校や教師の苦しみが理解されているとは言い難い状況です。そして、教師の苦悩は「子ども不在」を生み出し、子どもたちに不安と、とてつもない孤独感を生み出しています。教師の苦悩は教師だけの問題では終わらないことが、他の職種と違うところなのです。

◆学校現場の異常な忙しさ

今、学校現場では**「忙しくて教材研究ができない」**から**「忙しくて授業ができない」**になり、さらに最近では**「忙しくて仕事ができない」**といった笑えない笑い話状態です。もっと言えば、愚痴も言えぬまま体を壊したり、命を落としたりすることが普通に起きています。

そんな中、小中学校教師の約7割が週60時間超の勤務。医師や製造業を上回ることがわかってきました。一方で、徐々に学校現場のブラックな状況も注目されるとともに、現場からも部活動指導の問題や過労死についての声が上がり、国も「学校の働き方改革」に関する審議会を開き、働き方改革を推進するようになりました。ようやく、私たちの働き方が議論の俎上に載せられるようになりました。

そして、そうした一連の働き方改革の流れから、書店では最近「時短」「仕事術」本がブームとなっています。これらは、たしかに仕事の進め方や会議の持ち方、過剰な部活対応等々、日々の仕事を楽にするためのアイディアがまとめられていると思います。あるいは、個人的にも学校現場でもっと省力化できることはたくさんあると思います。（私個人はかなり業務を省力化していますので、後で紹介します）

ただ、「働き方改革」の問題は「時短」や「仕事術」で時間を減らすことだけが目的でしょうか。私は決してそうとは思いません。むしろ、そうした業務改善の問題だけに留めてしまうことは危険です。たとえば、現場でもずいぶん「ノー残業デー」が普及してきましたが、単純に「早く帰りましょう」と言われても、その仕事量や内容自体が見直されなければ、非常に難しいことです。あるいは、早く帰られる環境を整備してもらわなければ、逆にどこかに無理がかかるだけです。

特に最近では、学習指導要領改訂への対応等もあり、小学校でも英語が必修化されたり、道徳が正式に教科化されたり、プログラミング教育が導入されたりと、要求がどんどん高くなってきています。しかし、国はあいかわらず学級定数を引き下げてくれません。たしかに今回の国の議論（2018〜19年にかけて開かれた中央教育審議会「学校における働き方改革特別部会」を中心とした）では、これまでになく、突っ込んだ話もあったと聞きますし、加配等も増えたとのことですが、なかなかそれが実感できるレベルにはなっていません。焼け石に水です。

◆忙しさの原因は「一斉・一律主義」と「競争主義」な教育

私は教師の忙しさの原因は、教師個々の工夫だけで解決できるものではないと考えています。あるいは単なる時間的な問題だけでもなく、心理的な負担、プレッシャーによるところも大きいとみています。国や自治体による様々な「教育改革」や社会からの要請、圧力等々が、個々の教師に負担をかける結果になってしまっているととらえています。あるいは、よく言われることではありますが、時間的に「多忙」ということもありますが、仕事にやりがいを感じられない、虚しい仕事が多いといったことからくる多忙「感」も強いと考えています。

詳しく見ていきましょう。

最近の学校現場は、同時に同じように展開しようとする傾向があります。また、教育の成果を競争させることで、その質を高めるというねらいが強いようです。前者を**「一斉・一律主義」**、後者を**「競争主義」**と仮に呼ぶことにします。

現場では、「一斉・一律主義」により、周りに合わせるために労力を使わなければならなくなりました。さらには、自分（の指導法やクラス運営等）だけ違っていたり、遅れたりすることに対して、とてつもない焦りの気持ちが生まれるようになりました。これが「一斉・一律主義」からくる多忙感の正体です。

たとえば、最近は「スタンダード」が流行です。「授業スタンダード」「学習スタンダード」「生活スタンダード」等々、板書で使うチョークの色から、子どもの頷き方まで細かく「標準」が決められ、それをどれだけクリアできたかが問われるのです。また、スタンダードを決めるのは教育委員会、学校等ですから、これなどは「一斉・一律主義」の政策と言えます。

一方で、「どこよりも質の高い教育サービスをいたします」「結果や成果も出します」といった、目に見える教育成果を競う忙しさがあります。学力テスト対策しかり、部活の問題しかり……、見た目・出来栄えの評価優先の教育もその一つです。たとえば、学力テストの際、成績トップクラスの子が身内の不幸のために学力テストの日に欠席すると、管理職が「あの子が学力テストを受けないのは本校にとって痛い、連れて来てください」と発言したり、担任が答えを教えて問題になったりしています。

さらにそこには、説明責任が発生し、教師個々への評価もからんできます。あるいは「成果主義」と言ってもよいでしょう。厳しく成果・結果を求められることが、大きなプレッシャーとなり、成果が出なければ果てしなく時間をかけなければならず、ますます追い込まれてしまう……。これが「競争主義」からくる多忙感の正体です。

「一斉・一律主義」と「競争主義」。やや大雑把ですが、この二つの流れが押し寄せていることが、学校や教師を多忙にさせ、多忙感を助長させているのだと思います。

この二つが合体しているのが日本の教育であり、教育政策によるものだと言えるのです。加えて、災害や事故等、学校の危機管理の問題も問われるようになり、教員は「もしもの時の対応と説明責任」にも追われることになりました。

◆1977年改訂学習指導要領から2006年教育基本法改正の流れの中で

この「一斉・一律主義」と「競争主義」が強まった背景を考えてみましょう。

その大きな要因の一つは、2006年の**教育基本法改正**だとみています。この改正により、国のための人間づくりが前面に出され、教育内容や方法も『一斉に一律に、しかも競争的に』取り組まねばならなくなったと考えています。つまり、基本法の改正が直接的ではないにせよ、諸々の教育改革にジワジワと影響を及ぼしてきたということです。

もう少し遡って、2006年の教育基本法改正に至るまでの歴史を振り返ってみましょう。

まず注目したいのが、**1977年の学習指導要領改訂**です。

この学習指導要領で、いわゆる「ゆとり教育」が提唱されました。当時は「詰め込み教育」と言われていましたが、膨大な知識をとにかく子どもたちに詰め込むような教育では、子どもたちが自主的に考えることができなくなるということで、このゆとり教育が提唱されました。ようは、学習時間と内容を減らしてゆとりある学校を目指しましょうということです。この路線は次の1989年の改訂、1998年の改訂にも受け継がれ、生活科の導入や総合的な学習の時間（総合学習）の新設等、大きな教科改編にもつながりました。

このこと自体は悪くないように思えますし、すでに様々な議論が為されていますので深入りはしません。ただ、一点私が指摘したいのは、このゆとり教育の一環とも指摘されている学校週5日制導入も含め、ゆとり教育によって生み出された子どもたちの「ゆとり」は、結局は、学校が面倒を見なければならなかったという点です。

たとえば5日制導入をめぐる議論では、土曜日は社会教育や家庭が「受け皿」となって子どもたちの面倒を見る、という話もありましたが、そううまくはいかなかったのではないでしょうか。あるいは、学校5日制が完全実施されていくと、忙しさは平日に詰め込まれる形になりました。

それから、生活科や総合学習導入という新たな課題への対応も学校では大きな課題でした。まったく新しい教科ですから、その研究・準備には大変な時間がかかったのです。今でも多くの先生が苦労しているのではないでしょうか。

そして、どうもこの時期から、学校による果てしない「教育サービス」の提供が始まったのではないかと体験的にも感じます。

ところで……ゆとり教育時代の教師は楽をしていた、という見方があります。しかし、楽をしていたどころか、子どもたちの「ゆとり」までを学校が囲い込み、教育サービスを本格化させていったのですから、現場感覚としてはこの時期の混乱と、わけのわからない多忙感は忘れられません。

ちなみに私はこの時期を、**「第二次学級崩壊の時代」**と呼んでいます。

第一次学級崩壊はバブルの時代です。バブル時代の学級崩壊は、その華やかな時代状況を背景に、「公共サービス」への関心が下がり、それと相まって公立学校への不信感が増大したことで広まったとみています。子どもたちは、学校や教師を、自分の夢の実現をサポートしてくれる機関、人とは認めず、「弱い」指導や納得がいかない指導があるとちゃかし、あげあしを取り、指導を拒否しました。しかしその頃はまだ職員室に同僚性が残っており、学校を挙げてなんとかしていこうという気概があったように思います。

それに対して第二次崩壊の時代は、2000年前後からの教師の忙しさといじめ問題が本格化した時代と重なります。この頃から「学級崩壊」は、低学年の学級でも発生するようになりました。〝発達障害の子に振り回されて〟と言い出したのもこの時代の特徴です。また、この時期から、低学年専門、高学年専門というように、各職場で、担任する学年が固定化され、教師集団の関係がぎくしゃくし始めます。こうして職員室に当事者性と同僚性がなくなり、職員間が何かちぐはぐで、気まずい雰囲気になっていきます。

この間は教員管理も厳しくなっていった時代です。1999年「国旗及び国歌に関する法律」、2000年「東京都教員人事評価制度導入」「学校教育法施行規則」の改正（職員会議が校長の補助機関であるということが明確に）、2007年「教員免許更新制」等々の政策が問題とされた時代です。これも評価は様々でしょうが、この一連の流れの中で、どんなに追い詰められても、理不尽なことを押し付けられても、日本の教師が声を上げづらくなっていった時代だと考えられます。

さらに、保護者や社会からも、学校への要求が高まってきた時期とも言えます。学力が低下しているといった問題、なかなか解決できない「いじめ・迫害問題」、こうした問題は教師個々の質や力量の問題とされ、保護者による学校不信も強まってきました。一部の理不尽な要求をしてくる保護者を指して「モンスターペアレンツ」などと呼び始めたのもこの頃です。本来、子育てに共同して取り組まなければならないはずの保護者との関係が、保護者を敵対視・警戒させるような呼称の広がりにより、その関係も崩れていったのです。そしてそのことが、「保護者対応」という形で教師の多忙「感」に拍車をかけていったことは間違いありません。

◇「女工哀史」以上の、まさに「教師哀史」

このように教師の忙しさは、単純にやらなければならないことが増えたことや、教師個々の力量の問題ではなく、社会的状況とそれを背景とした教育改革が関係しているとみることができます。しかも、こうして社会的にも教育政策的にも厳しくなり、よく言われますが「ビルド&ビルド」の状況だというのに、業務量を調整するような施策もほとんどなく、声も上げられない状況となっていったのです。

この教師の労働実態はまさに「教師哀史」です。いや、「女工哀史」（大正時代の紡績工場で働く女性労働者の生活をまとめた書籍。過酷な労働状況が綴られ、話題になった）以上の、日付をまたいでの労働時間で、もちろん残業手当もありません。体調を崩しても「代りがいない」と思ってしまい、休むのにも気を遣います。ましてや、出産、介護、自分の子どもの子育てには、より気を遣わなければならない現実がありました。

その後も改革は加速し、最近では、学習指導要領改訂に伴う授業時間の増加、小学校からの英語必修化、アクティブ・ラーニングの導入等々への対応、小学校も含めた部活動の加熱……とにかく、新しいこと、準備に時間のかかることがたくさんあります。

さらに、教育活動を苦しいものにしたのが**教員評価**です。2000年代に入った頃からでしょうか、教員評価制度導入が検討され、全国に広がっていきます。中身も、私たち現場教師からすると正当な評価基準とは思えない内容で、目標管理的な手法が取り入れられています。中には、給与に反映させる自治体もあり、同じ教師間でも格差がつけられるようになってきています。こうなると、教師集団のよき文化であった共同性も失われ、ますます孤立が深まり、それが多忙感につながったとみることもできるのです。

しかし、こんなに大変な状況であるにもかかわらず、日本の教師は声を上げませんでした。自分の身体が壊れるまで、けなげに働き続けているのが実情です。声を上げないので、教師の実態はほとんど世間に知られることはありませんでした。残業代がなかったことなど世間の多くは知らなかったのです。このままでは自身の身体はもちろん、大切な子どもの命さえ守れません。

新しい時代になるにもかかわらず、教師の仕事の「女工哀史」以上の労働実態について、改善されるどころかますますひどくなっていることについて、なんの手も打てないのでしょうか？

◇「忙しい」で済まされない

そして、近年目に付くのが殺人、耐震工事のされていないブロック塀の事故、いじめ迫害が原因と考えられる自死、被虐待死、熱中症死、交通事故死……。子どもの命が理不尽に奪われる事件が続いています。短い期間に、これだけ多様な原因で子どもの命が奪われた時代は過去にあったでしょうか。

これらの事案は、大人の環境整備やケアにより、防ぐことができたかもしれない事案ばかりです。自戒も込めてですが、こうした事件・事故が増えたということは、大人に余裕がなくなり、子どもに目がいかなくなっていることの証とも考えられます。迫り来る「多忙化」の中で、もはや日本の社会、学校は、一番大切にすべき子どもの命を守れなくなっているのではないか、という疑いと不安が押し寄せてきます。

中でも、愛知の豊田市の小学校で、校外学習から帰ってきて熱中症で倒れ、その後亡くなった事案（２０１８年７月）は考えさせられた事故の一つです。学校の環境問題（エアコン設置問題他）、教師の指導の問題といった、今日の教育問題を私たちにつきつけました。酷暑の中、公園に連れ出さなければならなかったこと、担任の判断で中止にできなかったこと、救急車への連絡が遅れたこと……など、いかに学校の判断が間違っていたのか、あるいはそうした判断が正常にできないという、今日の学校現場の「教師の生きづらさ」がそのまま映し出されていると言えるのです。

なぜ子どもの命を守れていないのか。今、日本の学校現場はどうなってしまっているのか……。「忙しい」では済まされないことがあります。

◆教育費節約による「負のループ」は終わりにしよう

そうした厳しい状態を改善するために、やはり教育にはお金を付けていただきたいと強く望みます。見ていると、この国の予算配分は、教育分野で節約することがずっと続けられてきたように見えます。少子化がその一番の理由でしょうが、全体的に子どもが減っているとはいえ、定数が改善されないままでは、1クラスの人数は変わらないままです。さらに、学校や教師に対する要求は、年々高くなっていますから、仕事はむしろ増えています。

そして、予算が増えない、減っていることのしわ寄せは、全て現場に（個々の教師に）来ていて、その被害は子どもたちが受けています。手当もなしに、殺人的な残業を戦後ずっとずっと続けてきた日本の教師たち。それでも教育水準を落とすことがなかったのは、世界的に奇跡だと言われているようです。

文部科学省はがんばっているとも聞きますが、少子化を主な理由としてなかなか教員定数が増えない。増えるのは臨時採用の講師や、１週間に１回しか来ないスクールソーシャルワーカーなどの非正規職員だけ。労働時間も、ようやくきちんと調査がされ実態が明らかになってきましたが、長らく実態すら明らかになっていませんでした。

やがて教師たちは次々と倒れ、代わりの教師がいない状態が社会問題化しつつあります。教師の産休、病休、事故対応等々の代わりの教師がいない問題（待機しているはずの講師がいない）で、全国の学校現場から悲鳴が上がっています。

仕方がないので、内輪でやりくりしなければならず、専科の先生、教務、管理職まで担任をやらなければならない状態です。たとえば専科の先生がそちらに回ると、当然担任がその教科もやらなければならなくなるわけで、忙しさが問題になっている学校現場にさらに異常な忙しさが加わることになります。

そんな中では、いじめ問題の認知、一人ひとりの心の問題への配慮、そして授業……、そういったものがますますおろそかになることになり、結局は子どもたちが被害を受けることになるのです。

教育委員会の苦しい立場もわかるのですが、なんとかしていただきたいものです。現場では切羽詰まって、校長先生自らがハローワークに連絡・相談したり、独自チラシで免許保持者を募集したり、免許を失効してしまった教師やすでに免許を取得している大学院生にまで声をかけています。これはやはり異常な状態だと思うのです。

これにかかわって最近問題になっているのが、教師志望者不足です。学校のブラックな状況が明らかになるに連れ、若い人が教師を敬遠し、中には1倍ちょっとの倍率にまで落ちた自治体もあると聞きます。

行政側でも、たとえば4月の一括採用を見直し、通年採用でやる気のある若者をどんどん正規に採用するなど、大胆な採用方針の見直しなども検討してほしいです。そして、そもそも、教師の絶対数を増やし、異常な多忙化の改善を図りつつ、教師の仕事に夢とやりがいを取り戻すことができるよう、条件整備に努めてほしいです。これは文部科学省や教育委員会だけの問題ではなく、国全体・自治体全体が、教育にかけるお金をどれだけ増やし、学校の好循環をつくり出せるかの問題です。

◆多忙化で奪われた三つのもの

教師の異常ともいえる多忙化により奪われたものは、時間だけではありません。時間・同僚性、そして子どもへの優しさを失ってしまったような気がしてなりません。

「失った時間」とは、子どもたちと向き合う時間であり、学びを構想する時間です。子どもにプリントをやらせておいて、担任は別の仕事をやらなければならないのが学校現場の現実です。「忙しくて仕事をする時間がない」というのは、教師の現実をリアルに示す、笑えない笑い話なのです。

「同僚性」とは、強い力に従う、足並みをそろえる「同僚性」ではありません。教師個々の実践の自由を保障し、かつ、お互いにそれをリスペクトしつつ時には前向きに批判し合うことのできる関係です。そしてお互いの考えの違いがわかり、それでも一致点を見出す話し合いで共同できる関係です。そこには、仲間の苦悩についても当事者性を持って取り組むことも含まれています。

「教師の優しさ」とは、子どもを管理し、排除に結び付く進路を示すことではありません。子どもたちを信頼し、任せ、失敗も許して、次へのステップを示していく指導であり、ケアでもあります。仲間との共同を、信頼をベースにした指導こそが今教師に求められている「優しさ」だと考えています。

私たちは、教師のリアルな声に応える働き方改革を、教育課程の見直しや教員増につなげ、なんとか「教師の時間」を取り戻す必要があります。

同時に、ある程度余裕のある中で、教師はもちろん保護者、地域の大人は、子どもの苦悩に応える環境整備と、学ぶ権利を保障する優しさを取り戻す必要があるのではないでしょうか。

第2章

自分の意見を言うことから「働き方改革」は始まる

▼仕事レベル1▽やってはいけないもの
▼仕事レベル2▽やらなくてよいもの

教師の仕事は、子どもを指導することです。

その指導内容について、教師はもっと自分の意見を表明してもよいのではないでしょうか。「おかしい」と思いながらも、どんなことにでも黙って従うことは、教師の「使命感」や「正義」に反します。

「それは子どもたちにとってよい方法とは思えない。子どもたちのためにもやるべきではない」と判断したら、それを声に出すことが教師としての誠実さです。

あるいは「責任は言い出しっぺにあるのだから、黙ってやっておけば自分には責任はない」と考えるのも間違いです。違うと思いながら実践してしまうことは、むしろ無責任であると言わざるを得ません。そして、違うと思いながらも何でもかんでも黙ってやってしまうことが、多忙化・多忙感につながっているのです。これはおかしい、無駄だと思ったら、勇気をもって意見を出してみること。**自分の意見を述べ、そして話し合い、指導の質を高めていくことこそ真の「働き方改革」につながる**のです。

特に若い先生方は、先輩・上司には言いづらいと思います。意見を出すことによって「先輩を無視している、マナーがなってない」と怒られてしまうこともあるでしょう。しかし、マナーは上下関係保持のためにあるのではなく、上の人とも対等に意見を交わせるためにあるのです。

この章では、「仕事レベル1　やってはいけないもの」、「仕事レベル2　やらなくてよいもの」について考えます。このレベルの仕事は、一言で言えば、子どもたちのためには「やるべきではない」「違う方法を考えるべきだ」と判断できる仕事ということです。「なんかおかしい」「やらなくてもいいんじゃないか」「子どもの教育にマイナスだ」と思うような仕事、ありますよね？　ただ、そうは思っていてもなかなか本音が言えず、なんとはなしにやってしまっている、そんな仕事です。

そんな仕事にはどう対応すればよいのか。ここでは、どのように意見して、教職員の合意と共同をつくりあげていくとよいか、実践を通して考えてみたいと思います。

◆なぜ「やってはいけない」のか

プロローグでも書いたとおり、教師の仕事には七つの段階があると見ています。多忙化とは一見関係ないようですが、そもそも教師の本質にかかわり、ジワジワとストレスになっていたり、多忙化を容認するような土壌をつくり出すことにかかわっていることがあります。それが「やってはいけないもの」です。

それは大きく三つにまとめられます。

①子どもたちや教師を追い立て、結果的に自由を奪い、人権を傷つけること。
②「やること」自体が優先され、無目的な指導になること。
③結果的に、教師と子どもたちとの関係を崩すことにつながること。

問題は、これらのことの多くは「良かれ」と思って提案され、進められることです。したがって、「やってはいけない」と判断した時には、やはり意見を述べ、議論するべきだと考えています。

たとえば、最近よく言われる「指導の足並みをそろえる」ということについて考えてみましょう。ここで言う「足並みをそろえる」とは、課題を共有・共通理解して取り組むことではありません。単に見た目や方法を「一致しているように見せる」という意味です。「足並みをそろえて○○しましょう!」と学校ではよくいいますよね。

ここではある事例を紹介しましょう。ある時、3年目の女性の先生から、こんな相談がありました。

学校に不安感を強く持つ子どもが在籍しているため、1日の予定を書くためのホワイトボードを作ったり、掲示物はできるだけ後ろに掲示したりしました。ところがそのことに対して、学年主任から「どの学級も同じ場所に同じ掲示物を貼るように」と言われてしまいました。「特別に配慮が必要な子どもがいるからだ」と説明したのですが、なかなかわかってくれません。

一事が万事、なんでもかんでも「足並みをそろえる」学年で、そのことに追われて、子どもたちのことが二の次になってしまいます。どうしたらよいでしょうか。

課題を共有したり、できることで共同したりすることは大いに進めるべきです。しかし、見た目や方法について、なんでもかんでも統一して進めていこうとするやり方は、逆に子ども一人ひとりへの丁寧な指導がおろそかになる可能性があります。何より、「合わせること」は意外と大変なもの。合わせることに時間を取られ、それこそ多忙化を生み出すことにもつながります。

また、最近の小学校では、学習参観で同じ教科、同じ単元、同じ所を、同じ流れで展開する学年が多いです。その理由は「低学年なので」「新採の担任がいるので」「保護者から進度がバラバラだと指摘されるから」といった理由です。果たしてこれらが、「足並みをそろえる」理由として成立しているのでしょうか？　大いに疑問です。

そもそも、同じ授業展開が果たして可能なのでしょうか？　各クラス毎、あるいはクラス内でも子どもの反応は様々ですから、ズレが生じてくるのは当たり前です。学級毎に子ども集団の個性も違いますし、当然、教師毎に教え方も違います。もちろん、単元ぐらいは合わせる、学年で進度の確認をすることなどは必要です。どんな力を付けることができているのか、平等に結果を保障することも大切です。しかし、そこまで一緒にすることには、そんなに意味があるとは思えません。授業は生き物なのです。

また、この問題には経験の差もかかわってきます。たとえば、まったく同じにしようと思ったら、当然、ベテランと若手では逆に差がつくだけです。そして、「隣の教室と同じようにやらなければならない」と思ったときの、若手のプレッシャー、そしてそこからくる多忙感はかなりのものです。

特に若手には無理して統一させるのではなく、わからなかったら聞けばいいし、子どもの実態を第一にやりたいようにやらせるべきです。子どもや保護者にとって、自分の担任が他のクラスの担任と違っていることが喜びや自慢になるくらい、担任は個性を出してもいいのではないでしょうか。もちろん周りの職員との理解・共同・気遣いを忘れずにですが、その方がストレスも少ないですし、無駄な多忙感も解消されます。教師にカリスマや名人はいらない。でも、名物先生は必要なのです。自由な実践は、働き方改革の重要項目だと考えています。

合わせることだけで手一杯、若手を苦しめる……、これだけでも「足並みをそろえる」ことは「やってはいけないもの」なのです。

◆同じようなアンケートは「やらなくてよい」

同様に、「レベル２　やらなくてよい」仕事についても考えてみましょう。仕事レベル１と似ているかもしれませんが、違いは、教師間で議論が必要かどうかという点です。議論を通して「やらなくてよい」ことを明らかにしていく必要があるレベルの仕事です。

たとえば、諸々の「アンケート」です。最近、エビデンスが大事、生徒・保護者のニーズの把握が大事、ということで、なんでもかんでもアンケートに頼る風潮があります。これも当然ですが、そうしたデータは大切ですし、ニーズ把握も必要です。時と場合によっては、アンケートが有効なときもあります。しかし、単に多忙化を加速させるばかりで意味がないもの、それどころかそのアンケートによって、問題が重大化したケースもあります。

2019年、千葉県野田市の小学校4年生の女子が、度重なる父親の虐待行為によって亡くなりました。

この事案をめぐる過程では、彼女の通う小学校を管轄していた野田市教育委員会は、子どもから集めた「いじめアンケート」に書かれた子どもからのヘルプ（「家族から暴力を受けている」と書かれていた）を、加害者である父親に見せてしまったという行為が問題となりました。父親がかなりきつい調子で、子どもが書いたアンケートを「見せろ‼」と迫ってきたので、つい見せてしまったと言われています。ある分析では、このことによって幼い命が奪われたという見方もあります。

これはレアケースかもしれませんが、いずれにしても、どうして最近の学校は、この異常な忙しさの中、アンケートばかりとっているのでしょうか。しかも、出所が違うだけで、どれも同じようなことを子どもに聞いてきます。おまけに集計は担任で……というものも多いので、本当に困ってしまいます。今般の働き方改革で、国や自治体も精選するようにと通知しているようですが、なかなか改善にはほど遠いです。

アンケートを取ることが目的化し、なんのためにやっているのかがわからなくなっているのではないでしょうか。実態把握、ニーズ把握と言いながら、そのことによって余裕がなくなり、目の前にいる子どものいじめや虐待の兆候を把握できなかったり、保護者とも話す機会がなくなり、結果的に、対応や対策が二の次になっているような気がしてなりません。だから、こうしたアンケートのような仕事は、まさに「やらなくていい」仕事の典型です。

◆「先生の嫌なところ」アンケートをめぐって

また、アンケートを巡ってはこんな事例もあります。ただし、この事例は、みんなの声でやらなくてよいものを本当に「やらなくてよいもの」にしたという例です。

3学期。今年も県から現場に理不尽なアンケート実施が指示された。このアンケートは一度家に持ち帰り、保護者が確認した後、封筒に入れてのり付け。封筒の中身は管理職だけが確認するといった流れで取り組まれる。つまり、担任はアンケートを見られないことになっている。子どもたちにも「担任が見ない」ということを前提に書かせる。昨年度までは高学年のみであったが、今年から全学年で取り組まれることになった。こんなものが、県の全ての小学校で一斉に行われるのである。

年　組（男・女）名前

※名前を書きたくない人は、書かなくていいです。

これはテストではありません。あなたに楽しい学校生活を送ってもらうために行うアンケートですから、正直に答えてください。

(1)あなたは、毎日の学校生活が楽しいですか。あてはまるところに○をつけその理由も書きなさい。
とても楽しい　楽しい　どちらでもない
楽しくない　まったく楽しくない
理由

(2)あなたは今の学年になって、友達のことで、いやだなぁと思うことがありますか。
(ある・ない)
「ある」と答えた人は、だれに、何を言われたり、されたりしたのですか。

(3)あなたは今の学年になって、先生のことで、いやだなぁと思うことがありますか。
(ある・ない)
「ある」と答えた人は、だれに、何を言われたり、されたりしたのですか。

(4)学校には、担任の先生だけでなく、他にも悩みごとの相談にのってくれる先生がいます。あなたは、何か相談したことがありますか。

(5)あなたが、これからよりよい学校生活を送れるようにするには、どうすればいいと思いますか。思っていることがある人は、自由に書いてください。

毎年1月後半あたりから、現場では、このアンケートについての悲鳴のような声が聞かれる。職員会議で発言しても、「県から下りてきた」の一言で強引に進めようとする校長。

本校でも1月に、放課後の打ち合わせで、体罰・セクハラを調査するアンケートが県からきているので、その実施について口頭で連絡があった。そこでさっそく発言。

私　「そのアンケートは、いわば『先生の嫌なところを書かせるアンケート』です。県内の多くの学校でトラブルが発生しています。そんな重大な話について、実物も見せずに口頭だけの連絡の形で実施させるのはおかしい」

教頭「本日は校長が不在なので、来週の企画委員会（学年主任たちが集まる会議）で学年主任のみなさんと確認していきたいと思います」

翌週の企画委員会の議題の一つとして、アンケートの件を校長が提案。ここでも私はアンケートの問題点を次のように整理して発言した。私が問題と感じたのは、アンケート内容の特に⑶番に対してであった。

①子どもと教師の関係性を悪くする。

②子どもたちの悩み、教師についての要求については、アンケートといった形ではなく、応答関係の中で明らかにされるべきである。

③書かせた後についての対策が何も見通せていない。つまり、両者に嫌な思いをさせてそれっきりな取り組みである。よってこのアンケートを本校で実施することは反対である。

校長「職員の体罰やセクハラを防止することを目的とした取り組みであり、県内で統一して取り組まれているので、本校だけやらないわけにはいかない」

私　「こんなアンケートをとるようになってから、子どもたちの中にはふざけて『体罰されました』と書いて大問題になり、教師に向かって『アンケートに書きますよ』とニヤリとする子も出てきました。子どもたちと教師の関係がますます悪くなったという声も広がっています」

そして、

私　「本校でも過去に、保護者を巻き込んだトラブルがあったことも聞いています」

と教頭に目を向ける。過去に、子どもが、ある先生に足を蹴られたと書き（事実かどうか不明）、どうしてそんなことになったのかの事実確認や、保護者を呼んでの話に発展するなど、大きなトラブルになってしまった話を子どもたちから聞いていたのである。

私と目が合った教頭は、目をそらせながら、そういったトラブルがあったことを認める。私はさらに、低学年の子や特別支援学級の子にまで「先生のいやだなぁと思うところは？」と聞くことのイメージができているのか？と校長を問い詰める。しかし校長は、「県から降りてきた取り組みなので……」の一点張りで引く様子はない。

すると今まで黙っていたH先生が、

H「私たちは、子どもたちと、この1年間をかけて信頼関係をつくってきました。その担任を飛び越えて、嫌なところを書かせるというのは、目的と相反して信頼関係を崩すことになるのではありませんか？　それは子どもだけでなく、学校と保護者との信頼関係も、これで崩れることが大いにありうると思います」と発言。

しかし、校長も教頭も「管理職の立場では、みなさんにお願いするしかない」と繰り返すだけ。すると、いきなりここで教務主任が話し合いを打ち切り、議事を進行させせようとする。

私「このままみなさんはやるのですか？　私は一人でも絶対にやりません。やらない理由も保護者や、子どもたちに説明するつもりです」

校長「そういうことを言うと、職務命令を出さなければならなくなりますよ」

こんなやりとりが続き、嫌な雰囲気のまま学年主任の会議は閉じられた。これだけでも、夜7時近くまでかかった。そして、この時はみんな「やっぱりやらなければならないのか」と感じていた……。

その2日後の朝、急に校長室に呼ばれた。

校長「例のアンケートの件だけど、塩崎さんの言いたいことはよくわかるけれど、私の立場としてはやらないわけにはいきません。それで、来週の火曜日に予定通り、全校一斉で行う予定です。もし塩崎さんがやりたくないのなら、この日は休んでください。6年1組は教務の先生がやりますから」

と信じられない発言。

私「休むか休まないかは私が決めることで、校長先生に指示される問題ではありません。どうしても来るな、というのなら、そのいきさつについて、校長先生に来るなと言われたことも含めて子どもたちや保護者に説明する責任が私にはあります」

校長「説明なんかしなくていい」

私「いや、それが私の責任ですので」と言って、席を立った。

職員室に戻り、来るなと言われた話を大声でみんなに報告。

すると職員室は「ついに塩崎先生もクビですか」と、若い職員中心に冗談が飛び交い、大笑いされてしまった。

放課後、HさんとSさんと、翌日の職員会議で再度指示されるアンケートについて、どう意見を述べるのかを簡単に話し合った。そして次の二つを確認した。

①情勢的にアンケートを実施することはやむを得ない。

②アンケートを実施する／しないではなく、アンケートの問題点や、管理職たち自身はどう考えているかを明らかにしたい。

その週の金曜日……、翌週の月曜日は、中学受験で9名が欠席することがわかった。子どもたちに説明するのは、たくさんの欠席者のいるアンケート実施前日の月曜日では遅い。全員がそろっている今日しかないと判断した。学級総会で、翌週の予定を報告するときに、火曜日の全校一斉アンケートについて説明することにした。

まず、この火曜日に全校一斉で実施予定のアンケートに「先生」はずっと反対してきたこと。理由はもちろん、この小学校の先生たちはこの1年間で、子どもたちと信頼関係をつくっていこうと努力してきたこと。嫌なところがあったら直接伝えてほしいし、家の人を通してでもいい。とにかくアンケートではなく直接伝え合えるのが信頼関係だと思っているということ。

それが「先生の嫌なところを書く」、しかもそれは校長先生しか見ることができないというアンケートで、今までの努力がすべて無になってしまう感じがするということ。

そのことを職員会議でずっと訴え続けてきたけれど、どうしてもやりたくないのなら、火曜日のアンケートの日は、来なくてもいいと言われてしまったこと。代わりに教務主任の先生が進めてくれるので、どうか理解してほしい……、こんなことになってしまって本当に申し訳ないと頭を下げた。

すると子どもたちは、「先生、かっこいい！」「応援する」「なんか、涙が出てきた」と予想外の感動⁉︎ 中には勘違いして、「しおちゃんマン、やめちゃダメだよ！」と涙ぐんで叫んでいる女子も出てきてしまった。こんな話をして、子どもたちは引いてしまうのではないかと思っていたので、逆にあわててしまった。

そこで、「ほとんどの先生方が「先生」のように考えているので、今日の放課後の職員会議でもう一度話し合ってみるから、家の人にはまだ報告しないでください」と付け加えた。

とりあえず、アンケートに反対していること、その結果、火曜日に休まなければならないかもしれないことについての子どもたちの了解は得た。と判断した。

その日の放課後の職員会議。

校長「色々な考え方もあるが、これは県一斉に取り組まれるものであるし、こうした取り組みをしていくことで、体罰セクハラの抑止力にもなるので、本校でも取り組みたい」

H「先生の嫌なところを書かせられる、子どもの気持ちはどうなのでしょうか。逆に生き生きとしてそれを書く子どもがいたとしたら、みなさんはそれをどう感じるのでしょうか。さらに、子どもが書いた先生批判を保護者が見たらどう感じるのでしょうか？　さらに、こうしたアンケートが多忙化を加速させているんです。何もいいことが見通せないこのアンケート実施には、私は反対します。」

S

　ソフトで理路整然と話をするHさんの発言に、みんな大きく頷いていた。

「私は去年、大変な6年生を担任しました。何度も教師をやめようと思いました。その時の子どもたちの口癖が、『体罰アンケートに書くよ！』『教育委員会に報告するよ！』でした。本当に嫌な思いをしました。子どもと信頼関係でつながろうと努力してきました。にもかかわらずその信頼関係を上の人は崩そうとすることの意味がわかりません……。私も何を言っているのか、私も意味がわからなくなってしまいました。すいません（笑）」

　Sさんの発言で場が和んだので、司会の教務の指名を待たずに勝手に立って私がしゃべりだす。

私

「今、本校で大切にしなければならないのは次の二つです。一つは、子どもたちとの関係。もう一つは、教師間の関係です。子どもたちとの関係についてはHさんやSさんが発言した通りです。そして、もう一つの教師間の問題。このアンケートは、他の先生の批判も書くことが考えられます。補助担

Y

任の先生や講師の先生、専科の先生や他の学年の先生の批判も書けるわけです。現に昨年度のトラブルはこのケースだったんじゃないですか？　書いた子の担任と、書かれた先生の関係はどうなるのでしょうか。そういったトラブルのイメージを校長先生は持っておられるのでしょうか」

なごんでいた職員室が再びシーンとしてしまう。ところがここで想定外のことが起こる。２年生の学年主任Ｙさんが、「はいっ」と手を挙げたのである。

「企画委員会の時に発言しなかったのですが、発言してよろしいでしょうか……。私もこのアンケートにはたくさん疑問があります。教育委員会から来ている文書の目的を読んでみると、『子どもたちとの信頼関係を築くため』とあります。しかしこのアンケートで信頼関係がつくれるのでしょうか。むしろ逆に、がっかり感というか、なんとも言えない、残念な気持ちが私たちにわいてきます。子どもたちも、先生の悪いところを考えるわけですから、当然いい思いをするわけがありません。お互いが嫌な思いをするアンケートには、本当に意味があるのでしょうか？　どうして教育委員会はこういった取り組みを平気でできるのか私にはわかりません」

やさしい、丁寧な口調ながら、中身はかなり厳しい内容だ。

「私の友人で、教師出身ではないのですが、教育委員会のかなり上にいる者がいます。彼に、こんなアンケートで本当に体罰やセクハラがなくなると思っているのか？　と聞いてみたことがあります。彼が言うには、『アンケートで体罰やセクハラがなくなるのは難しいと考えている。現にこのアンケートを始めた2年間、逆に体罰問題は増えている。でも、こうした取り組みをしておくと、教育委員会としてはこういった取り組みをしてきましたと説明ができるんだ』と言うんです。私たちは、説明責任や言い訳のために、このアンケートをしなければならないのでしょうか。そして、そうだとすれば、それでもみなさんはやるのでしょうか。私はやりません」

職員室がザワザワする。するとここでもう一つうれしい想定外。Y先生と同じ学年のベテラン女性講師のT先生が挙手して、発言したのである。講師の先生が職員会議で発言することはめったにない。弱い立場の彼女が勇気を出して発言してくれたことは、職員全員に対しても説得力があり、私たちにも勇気を与えてくれた。

さらにH先生も続く。

H「校長先生は、個人としてはこのアンケートについてどのようにお考えですか?」

校長「個人としては、みなさんと同じ考えを持っています」

職員室に、ホーッという声が。

H「校長先生は、校長会で話し合ったと言っていましたが、その時に、このアンケートについて、校長先生も含めて、誰も何も言わなかったのですか?」

校長「校長会には本当にたくさんの議題が出されて、一つ一つについて十分論議できないというのが正直なところです。この件についても、流してしまったというのが正直なところです。誰も何も言いませんでした」

私「それって、話し合ったって言えないですよね?」

教頭「校長先生は、いつもみなさんのことを考えています。県からの取り組みに誠実に従うことが本校を守ることになるんです! 校長先生は本校を守ってるんです‼」

またしてもらちのあかない、果てしのない堂々巡りが繰り返されるかと思ったそのとき、

私　「守る？　だれか攻めてくるとでも言うんですか？　うちだけやらないで、県で問題になったっていいじゃないですか！　うちの学校から、アンケートについて問題提起しようじゃないですか！　少なくとも、そのままの文言じゃなくてもいいんじゃないでしょうか。前任校では『先生の嫌なところ』ではなく、『先生へのお願い』に直して実施してましたよ！」

やや口が滑った……。しかし、ここで校長先生の態度は急に変化した。

校長　「みなさんの意見はわかりました。変えましょう！　文章を変えてやりましょう！」

職員は「いったい今、何が起こったんだ？」とでも言うように、目が点になり一瞬、シーンとしてしまった。少し時間をおいて、私の学年のI先生が発言。

I　「質問をどう書き換えるのかは、一度学年に降ろして話し合わせてほしい

と思います。ここで簡単に決めてはいけないのではないでしょうか」

校長「わかりました。火曜日の放課後の打ち合わせを学年会の日にします。そこで文面を考えて、その日に、学年主任の先生が集まって文章を決めましょう。アンケートはその週の金曜日の１時間目に全校一斉に行います」

後日、次のように質問事項を変更することになった。

(2)友達のことで、いやだなあと思うことがありますか。
→友達のことで、困っていることがありますか。
(3)先生のことで、いやだなぁと思うことがありますか。
→先生にお願いしたいことがありますか。

また、保護者が提出した封書は担任が一度確認してから、校長に提出するようにもした。

職員会議終了後、職員室に連帯感のような、温かな空気が流れた。

一人の声はみんなの声になり、それが一つになった時に、理不尽な仕事もはね返すことができます。職員一人ひとりの思いは、そんなに変わることはありません。それぞれ苦しみ、悩んでいるのです。周りを信頼して、声に出せばかならず次に続いてくれます。

管理職の先生も同じ現場で働いています。個々の思いは私たちと一緒なのです。そこに働きかけ、共同を呼び掛けた時に職員室は変わります。

◆誰のための指導案検討なのか

もう一つ「やらなくてもよい」仕事の典型。それは、今流行の「忖度」にかかわるものです。以下は、それこそ「働き方改革」にもかかわる、職員会議での事例です。

6月の職員会議。
議題は、なんと次の年の1月に予定されている市教委の「学校訪問」について。
なぜこんなに早く検討するのかはすぐに明らかになる。

この「訪問」では、全教員が各教科に振り分けられて授業を展開する。各教科に指導主事がつき、教師を指導する。そのための指導案提出は、なんと9月中だという。

1月の授業のために、どうして4カ月も前に指導案を完成させなければならないのかを質問してみた。すると……、

教務主任「11月中に、指導主事の先生にご指導を受けなければなりません。学期末になると時間が取れないことと、指導主事の先生方は市内全部をまわっていらっしゃるのでお忙しい。それを考えると、11月に指導を受ける日を設定するしかないのです。ということは、その前にみなさんの指導案を管理職の先生に見てもらう必要があります。その後の修正を考えると、9月に提出、10月に修正、11月にご指導、12月が学期末で、1月に授業展開、といったように余裕のある日程を組んでみました」

「ふ〜っ」と誰かがため息をつく。

まだ1学期。運動会が終わったばかりである。そんな時期から、毎月毎月、何カ月も先の授業の指導案作りに追われる。もちろんその間に何もないわけではな

い。学習発表会やマラソン大会、さらに大きな行事も控えている。もうこれ以上仕事を増やさないでほしい……、でもやるしかないのか……、といった抗議とあきらめのため息のように聞こえた。

私は発言のために挙手。職員室に緊張した空気が流れる。

「塩崎が発言したところで、何も変わらない。職員会議が長引くから発言はやめてほしい……」という冷たい目線が向けられる。それを感じたので、

私「これから塩崎が、空気を読まない発言をします。そうだそうだと思った人は、頷くだけでもよいから反応してください」

「空気を読まない発言」というのがおかしいのだろう。小さな笑い声が起きる。

私「1月の授業を指導してもらうのなら、その1週間前に指導案を渡すだけでよいと思います。1月当日も指導を受けるのに、なぜ11月に事前指導を受けるのでしょうか。今までそんなことはやってこなかったはずです」

教頭「指導主事の先生方も大変なんですよ。上から『ちゃんと現場に指導しているのか』と厳しい目が向けられているので。だから指導案作成の時点から指

導を始める、というのが市の方針です」

私「私たちは、指導主事の先生たちのために授業をするわけではありません。子どもたちのために授業の準備をして、学校訪問での指導を受けるのです」

ほとんどの職員が、うんうんと大きく頷いてくれるのがわかった。

私「何カ月も後の、たった1時間の授業のために、こんなにまで力をそそぎ、場合によっては日常的な授業や生活指導がおろそかになってしまうことは、本末転倒ではないでしょうか」

その後、管理職とは何度かやりとりがあったが、議論は平行線であった。

私「指導案提出は2学期中。指導案作成のために、事前に指導主事に相談したいのであればいくらでもしてよい。代案は以上です。ご検討ください。今日はもうこれ以上のお返事は結構です」

「どうせ変わらないだろう」。私もあきらめていた。こうして異議申し立てを積み重ねていくことが大切なことであり、その声が少しずつ広がっていくだけでも十分で、そうなることを願うだけだった。

ところがその2日後、予想もしていないことが起こった。

校長「市教委の学校訪問の指導案作成について検討しました。次のようにしたいと思います。指導案完成は2学期中。その途中で指導主事に相談できる、という塩崎さんの案で市教委に相談してみます」

職員「おおっ！」（拍手）

職員の拍手を聞いて、校長は少し驚いたのだろうか。まだ相談の段階で、決定ではないことを確認することを忘れてしまったようだった（笑）。

しかし、結果的には、その修正案通りにことは動いたのだった。

ここでの教訓は、職員会議の話し合いを通して、私たちを忙しくさせているのは、こうした「上」への忖度であり、私たちはいったいなんのために仕事をしているのかを見失っていたことに、みんなが気づくことができたことです。そして、子どもたちのために仕事をしたいという教師の思いが、管理職にも届いたということです。あるいは、もしかしたら管理職自身もどこかおかしいと思っていて、教職員から声が上がったことでほっとした部分もあるかもしれません。

いずれにしても、そのためにはため息ではなく、まず声を出すことが大事です。教師の仕事は子どもたちのための仕事……。すべては正論でいかないと思いますし、すべてがそう動くとは限りませんが、ここが見失われているが故に、無駄な仕事、やりがいのない仕事、意味のわからない仕事に振り回され、多忙感が増し、疲れ果てているのではないでしょうか。逆に「子どもたちのために」という軸でおかしいことはおかしいと言え、仕事が見直されたときに、私たちの仕事の「働き方改革」が実現できるのです。

そして、これらが**「やってはいけないもの」「やらなくてよいもの」**に対する、最善の策、本当の意味での「働き方改革」と言えます。たしかに、議論することは時間がかかりますし、「余計なこと」かもしれません。しかし、一度こうした経験が学校でつくられてくると、色々なことが動き出すのです。上記はあくまで一例ですが、私たちの仕事の本質に関わる「やってはいけないもの」「やらなくてよいもの」はまだまだたくさんあり、実質的に時間を奪っています。そして、この理不尽な要請が多忙「感」を増幅させるのです。

いきなり声を上げることは、相当に勇気のいることです。まずは隣のクラスの先生、信頼できる先生にもちかけてもいいでしょう。回り道のようですが、それが私たちの本当の働き方改革につながるのです。

第3章

誰にでもできる簡単時短術

▼仕事レベル3▽やっておけばいいこと
▼仕事レベル4▽やること

本章では仕事レベル3、4の「やっておけばいいこと」「やること」について考えてみます。

このレベルの仕事は、子どもたちの指導に直接関係してくるものは少ないので、効率化を図る、といった方向で考えてよいでしょう。このレベルは時短術が効果的です。

このレベルの、効率化を図れる仕事は、いかに時間をかけずに、しかも正確に、ポイント（抜かしてはいけないこと）を落とさずに仕事を進めることができるのかがキモです。おそらく、なかなかうまく時短ができない先生は、仕事を客観的に眺めて「これはこのレベル」と判断できないことが要因の一つかもしれません。

どんなに力のある人でも、すべての仕事をマックスパワーでこなすことは無理です。このレベルの仕事は「これでいいんだ」と割り切って、後ほど紹介するレベル5、6に力を注げるようにしましょう。

◆「A5ノート・三色ボールペン・付箋」は三種の神器

このレベルの仕事の「仕事術」や「時短術」については、すでにたくさんの書籍が出ていますし、ネット上にもたくさん情報があります。情報やツールがあるということは、選択の幅が広がるのでいいのかもしれませんが、実際に試すのも選ぶのも難しいのが現実ではないでしょうか。

私は「Ａ５ノート・三色ボールペン・付箋」の三つがあれば、いくらでも時短の工夫ができると思っています。つまり、この三つを渡して「この三つを使って、それぞれで時短の方法を考えてみましょう」と提案してみると、誰でも色々なアイデアを出せるということです。校内研修会でもわざわざ色々用意するのではなく、この三つだけでアイデアを出し合うだけで、十分研修になると思います。それだけこの三つの道具は、時短にとって「神の道具」だと私は思っています。

そこで今回は、これらの道具を具体的にどのように利用しているのかを、図や写真を使って紹介します。

しかし、あくまでも提案です。この「三種の神器」を使えば、それぞれの仕事環境によって、いくらでも工夫し、応用できると思うのです。私の提起に縛られることなく、きっかけとして利用していただければと思います。

そして、最短の方法で自分の方法を見つけること。それが時短術の一番の基本だと考えています。ただし、ツールに溺れてしまったり、あれもこれも試してばかりで逆

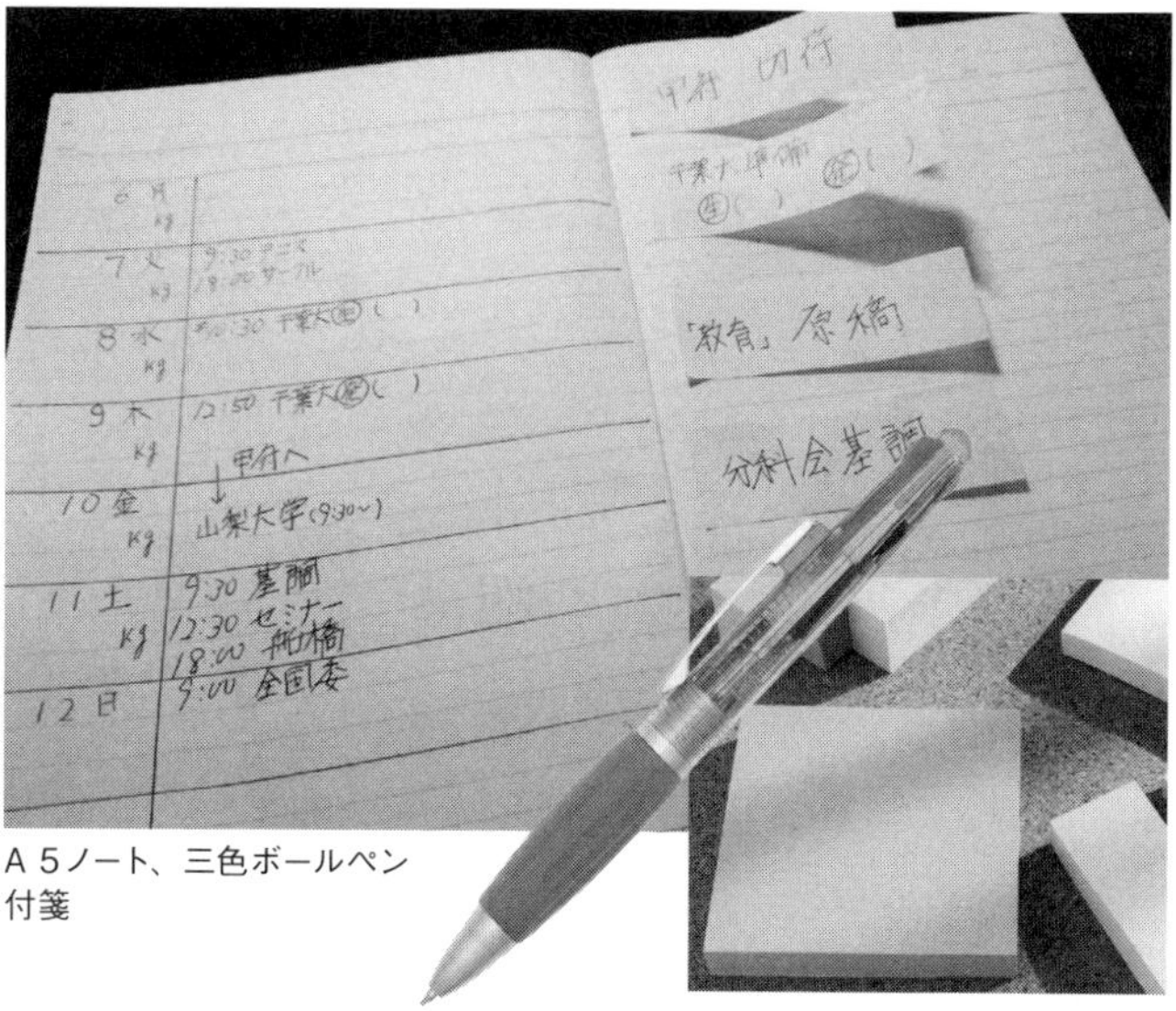

A５ノート、三色ボールペン
付箋

に時間がかかってしまったりしていませんか？　そんなドツボにはまっている先生方にも、「三種の神器」で時短を考えてみることをオススメします。

◆なぜA５ノートなのか

まず、A５ノートからです。なぜA５？　手帳じゃダメ？　という声も聞こえてきそうです。

私自身は、若い頃から「手帳」にこだわってきました。小さい手帳から大きなものまで……、そのときそのときに流行したものも幅広く利用してみました。システム手帳だけは、あこがれましたが、値段が高くて手が出ませんでした（苦笑）。中でも野口悠紀雄先生の「『超』整理手帳」は、かなり長い期間利用していました。**ネットともリンクしていて、ポケットにも入り、使いやすく、非常に重宝していました**。ただ、定期的にリフィル（差し替え用ノート）を購入しなければならないのが面倒になってしまい、利用しなくなってしまいました。

それから、自治体毎に違うかもしれませんが、共済組合等から配布される手帳も使っていました。私の勤めていた千葉県は、県内の教員全員にA5サイズの手帳が共済組合から配布されます。**これは左側に週予定、右側は自由記述式という形で便利でした**。ただ、どうしても私の使い方だと（資料をどんどん貼り付ける使い方をしていました）分厚くなってしまい、使いきれなくなってやめてしまいました。

週案簿（指導内容や授業時数を書き込んで報告するためのもの）を手帳代わりにしたこともありましたが、指導に関連する他分野の事項を、上に報告するものに書き込んでおくことに抵抗があり、週案をパソコンで提出するようになったタイミングで利用することはやめました。

◆なぜ30シートなのか

こうした事情から、色々試行錯誤はしましたが、手帳の類いを使うことはやめました。結局、色々と貼り付けたり、メモを増やしたりしていくと手帳系では対応できないのです。では、ノートではどうか。さすがにまっさらすぎて、使えるまでに手間暇がかかりすぎます。

そこで、スケジュール管理用としての手帳とメモとして利用するノートを兼用したものが作れないかと考えたのです。スケジュールのリフィルは自作して、それをノートに貼り付け、スケジュールとしての手帳がメモとしてのノートとしても機能するように工夫しました。

私のやり方はこうです。

まずノートを準備します。大きさはA5。これは、学校のほとんどの書類がA4判で、書類を二つ折りにして挟んでおいたり、貼り付けたりするのに向いているからです。また、後で紹介しますが、1ページに付箋を縦2列に貼れるという点もメリットです（利用している付箋は7・6×2・5㎝）。ページ数は、厚くならないように、

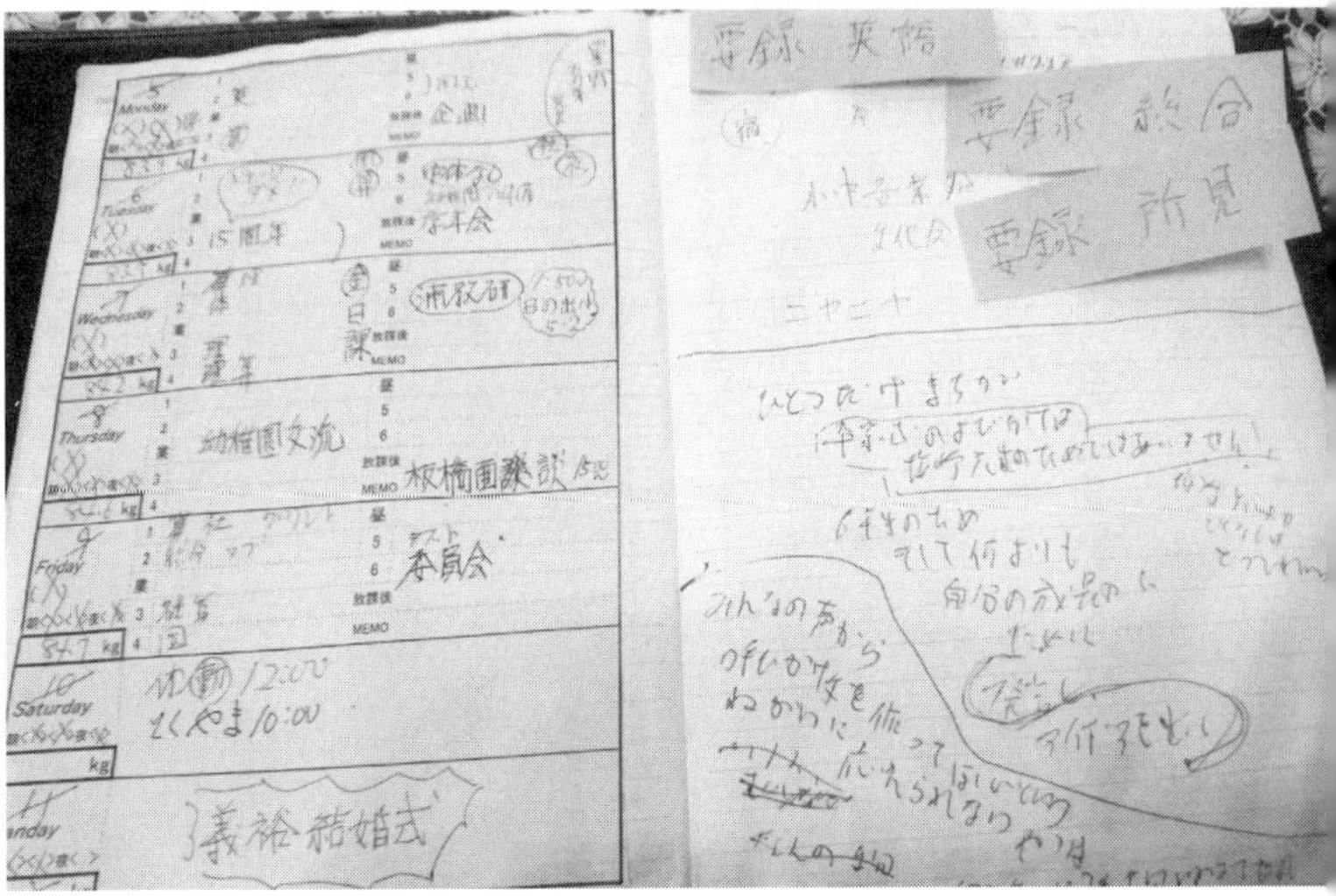

30シートのものが使いやすいです。

1冊で約3カ月分です。年間で1冊となると30シートでは対応できませんし、付箋や資料を貼り付けると、ものすごい厚さになってしまいます。薄い30シートのノートにして、使い終わったら表紙にナンバリングや「○○年○月～○月」と記入しておけばよいと思います。

罫線はなしで、白紙のものでもよいのですが、私は罫線のあるものが好みです。定年退職して、週予定のリフィルを貼り付け型から線引き型へと変更したのですが、線引き型には罫線付きの方が便利です。

◆リフィルは自作する

ノートは見開きで利用します。左ページに週予定。右ページには付箋を貼って、TODO（やること）としてのページとします。

週予定は2週間毎に自作するので、たくさんメモをしたり、資料を貼り付けたり、発想ノートとして利用する時は2週間後のページを利用します。

週予定のリフィルは自作です。自分が使いやすいように工夫してみてください。テンプレートもwebを検索すると、たくさん無料のものがあります。

私は1日の枠を10の枠に分けたものにしました。（次ページ参照）

小学校の時間割に合わせた枠です。これをプリントアウトし、2週間毎に見開きの左ページに貼っていきます。なぜ2週間毎なのかは、仕事の見通しは「2週間」でちょうどよいと判断したことと、メモとしての利用のページを挟みたいからです。

高校は少し違うかもしれませんが、小学校はこの「2週間」がポイントです。なぜなら多くの授業は2週間で一単元が多いことや、会議や指導、行事も2週間単位で動く

ことが多いことに気づいたからです。という理由で、小学校の場合は2週間をオススメします。

もちろん、1週間毎、4週間（1カ月毎）で見通したい場合は、それに合わせて貼っていけばよいのです。

	1		昼	
	2		5	
Monday	休		後	
	3		Pri	
(　)	4			
	1		昼	
	2		5	
Tuesday	休		6	
	3		後	
(　)	4		Pri	
	1		昼	
	2		5	
Wednesday	休		6	
	3		後	
(　)	4		Pri	
	1		昼	
	2		5	
Thursday	休		6	
(　)	3		後	
(　)	4		Pri	
	1		昼	
	2		5	
Friday	休		6	
	3		後	
(　)	4		Pri	
Saturday				
Sanday				

◆手帳カバーで必要書類をきれいに挟める

好みにもよりますが、A5ノートに手帳カバーをつけて利用していました。

かさばることが気になる人はなくてもよいのですが、私は、大切だけれど貼らない書類、大切だけれどすぐにいらなくなる書類はカバーのポケットに入れておくので、手帳カバーを利用していました。

◆ボールペンは三色

某有名教育学者の専売特許ですが（笑）、ボールペンはやはり三色が使いやすいです。当然ですが、ボールペンはノートや付箋に文字を書いたり、チェックを入れたりするのに使

います。その際、仕事の種類を分けるため、重要度にメリハリをつけるために、やはり三色程度の色が使えるボールペンがよいと思います。

何を何色で書くのかは、各自の使いやすさとイメージでよいと思います。私の場合は、以下のように色を使い分けています。

【予定について】
・基本の予定は黒色。
・研究会や部活動の大会等、学校の外の予定は赤色。
・それ以外の予定、チェックは青。
※ちなみに私はプライベートの予定は、まったく別の手帳にまとめます。
【重要度】
・基本的な文字は黒色。
・子どもや保護者に伝えたいことなど重要な項目は赤色。
・関連付けの記号や線引きは青色。

◆付箋の大きさは7・6×2・5㎝

三種の神器の最後は付箋です。

これまた、サイズ、カラー、のりの質、デザイン等々、今では本当に数多くの種類のものが出ています。

私もいくつも利用し（いくつも失敗し）たのですが、時短や発想法のためにノートに貼って利用するという点でたどり着いたのは7・6×2・5㎝というサイズでした。それ以下のサイズだと、文字を書くのに不便です。やらなければならないことなどは、立った位置からも読める文字サイズでなければなりません。

そして、それを2列に貼れるサイズとしては、A5ノートがよいことは前に書きました。

それ以上のサイズは、文章が書けるので机に貼っておくのに利用しますが、ノートに貼って利用することはしません。

ノートに貼るのは、適度な大きさの文字で、付箋1枚1項目で利用できる7・6×2・5㎝の付箋なのです。

付箋の色も様々ありますが、私は薄い黄色を使うことにしています。仕事の重要度によって色を使い分けてもよいのですが、それはボールペンの文字の役割としています。付箋は一束である程度続けて使うので、使い分けるのが難しいこともあります。

◆付箋は並べ方が勝負

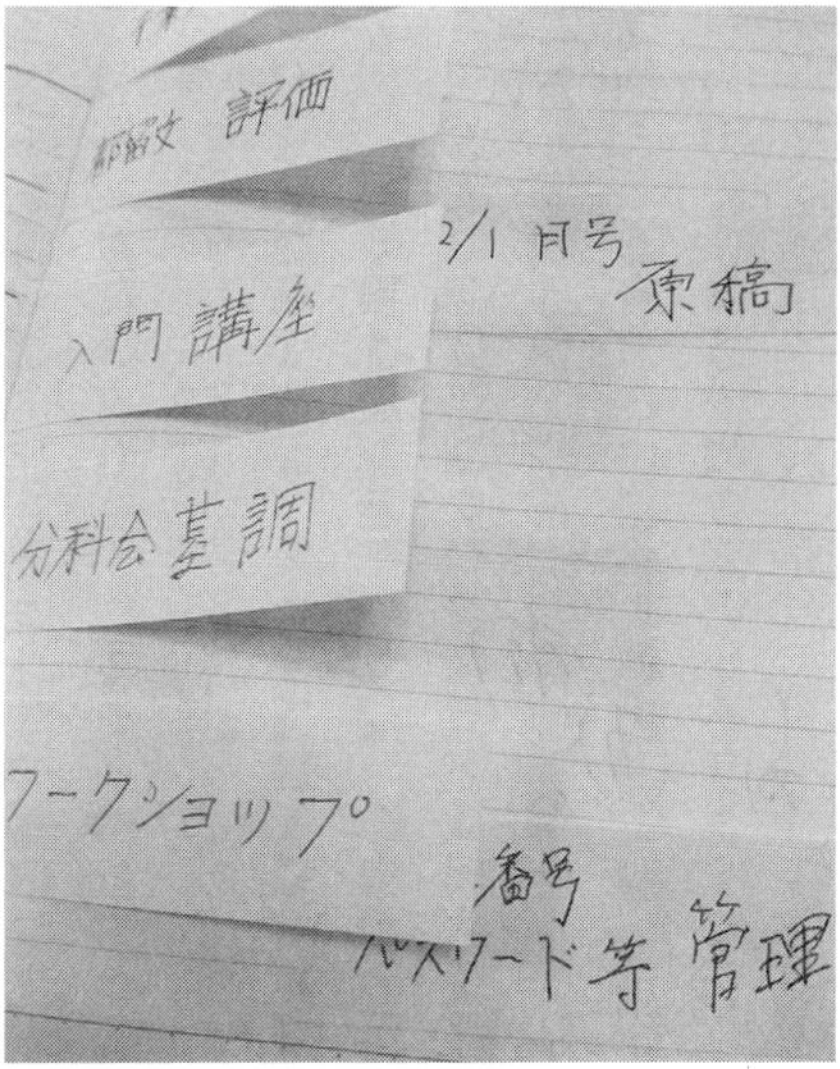

付箋をTODO管理、その他のツールとして利用することは、すでに広く知られていますし、数多くの関連本も見ています。また、発想法や学級分析の際にも利用できることは、第5章に書いておきましたので参考にしてください。

ここでは、もう一点、付箋の並べ方だけ触れておきたいと思います。

私は「やること」を頭の中で、主に

「簡単度」「重要度」「緊急度」の軸で整理し、より早く処理すべきで、重要なものほどページの左側、上部に貼るようにしていました。

この頭の中での整理の際に役立つのが、上記、三つの指標です。そして、どの付箋を左上に貼るのかは、各自の価値観や、その時の仕事環境にあるといってよいと思います。ゆえに共通した法則はないのです。

たとえば、簡単度と重要度は矛盾することがあります。すぐにやらなければならないことがあったとしても、「できることから先に、簡単なことから先にやっておこう」という発想は誰にでもあるからです。仕事の何を優先させるのかの「感度」は、それぞれの学びで鍛えるしかありません。

そのための（何を優先させるのかを考える）参考になることを、第1章に書いておきましたので参照ください。

◆仕事は2週間で見通す

手帳でもリフィルでも迷うのが、1週間なのか、2週間なのか、1カ月なのかということです。これは結局、どれぐらいのスパンで仕事を見通せるかと言うことでもあります。繰り返しになりますが、私の場合、一番仕事が効率的に動かせるサイクルは2週間でした。

つまり、2週間前に付箋を並べ始める、ということです。新たな仕事が入った時点ですぐに付箋に書き込むことはもちろんです。それを並べ始めるのが2週間前からだということです。1週間前だと仕事が滞ります。3週間以上前だと「まだ時間がある」と考えてしまう。もちろん、長期にわたるプロジェクトや1年単位のものもあります。早々に依頼を受ける仕事もあるでしょう。ただ、動き出しを考え、具体的に動き出すのは2週間ぐらいがちょうどいいと思っています。

ちなみに、長いスパンで見通せる仕事、長い期間かけないと終わらない仕事については、付箋の色を変えたり、貼っておく場所を変えたりして、「特別扱い」します。

さらに、2週間で全てが完結するはずもありませんから、次は4週間（約1カ月）、それ以上は16週間（1学期間等）と組み合わせて見通します。あるいは大きな行事があれば、「○○会までにやっておく仕事」というふうに位置づけることもあります。

いずれにしても大切なことは、仕事を一定の期間を決めて、終わりを見通しながら進めることです。

◇このレベルの仕事はとにかく時間をかけない！　ただし……

これまで見てきたように、レベル3、4の仕事については、三種の神器等を利用して、いかに時間をかけずに、効率よく進めるのかが勝負です。よく仕事を「こなす」「さばく」「やっつける」と言いますが、まさにそれでよいのです。頭は使わず、手だけ動かす作業だと割り切って進めましょう。

ただし、ここが私流ですが、このレベルの仕事に、誤解を恐れずに書けば、教師として真剣に向き合う必要があるのかが疑われる仕事を分類したいと思います。

たとえば「週案の時数合わせ」。授業時数の報告は「やらなければならない」ことです。しかし、その時数は本当にリアルな数字なのでしょうか。

まるまる1日を使った校外学習は、どうカウントすべきでしょう。本来ならば、学校行事としてカウントしなければならないのですが、それをやってしまうと学校行事の時数がオーバーしてしまい、他教科の時数が足りなくなってしまうとします。そんなことは、現場ではいくらでもあることです。

そんなときどうするのかが、「授業時数合わせ」。校外学習（遠足）で言えば、「たくさん歩いたから「体育」2時間、お説教もあったから「道徳」1時間、歌を歌いながら歩いたから「音楽」1時間扱いにしましょう」等、日常的に話し合いをしていませんか？　そしてそれを「当たり前のこと」として考えていないでしょうか。

しかし、これは最悪、虚偽報告ともなりかねません。やってないことをやったことにすることは、たとえ多少理屈が付いていたとしても、やはり間違ったことだと言わざるを得ません。さらに、この「時数合わせ」のために、時間を費やす学校も多いのではないでしょうか。それこそ時間の無駄です。

ここでは学習指導要領の法的拘束力について議論はしません。文科省もかなり柔軟な対応をしつつあるとも聞きます。ですから、机上の時数合わせ、説明責任や言い訳のための数字合わせに、貴重な時間を使うことはやめましょう。

もちろん、指導要領から大きく逸脱したような、時間数無視の時間割を組んでいれば問題でしょう。しかし、そうでなければ、堂々とリアルな数字を報告すればよいのではないでしょうか。そうすれば、そこに頭を悩ませることは必要なくなります。

ようは、そういった種の仕事が教師には多すぎるのです。働き方を根本から考えるために大切なことは、つじつま合わせ、説明責任のためのアリバイづくり、言い訳をするための仕事をいかに最低限に抑え、まさに本来の「教師の仕事」ができるようにするかということです。

◇これからはスマホとの連携だ

さて、本章では、A5ノート、三色ボールペン、付箋を利用して、時短に取り組むことを紹介してきました。しかし最近はスマホの時代。私も「三種の神器」をスマホで代用することについて、現在研究中です。

ノートの役割、ボールペンの役割、付箋の役割、さらには発想法の役割を果たすそれぞれのアプリ等はすでにあります。ただその三つを統合、関連付けるツールはなかなかないのが現状です。

つまり、たとえば付箋をスケジュールアプリに、優先順位をつけて表示することや、それを見開き状態で、一目で把握することはまだまだスマホではできません。ただ今後、そういった課題を克服できるアプリがどんどん出てくることは間違いありません。

ここで大切なことは、スマホ・アプリ時代になっても、自分に合った方法を編み出すことです。時短は、それぞれの方法でしか実現できないのですから。

第4章

子どもの指導にはたっぷり時間をかけて

▼仕事レベル5▽やらねばならないこと

◇子どもの指導に関する仕事は丁寧に

本章のテーマは仕事「レベル5　やらねばならないこと」です。しかし、私たちが「やらねばならないこと」とはなんでしょう。誰かに言われて……、説明責任を果たすためだけに……、「やらねばならない」ことではありません。教師として、教師の責任において「やらねばならない」ことです。

まず考えられることは、子どものトラブル指導に関するものです。これは効率化を図らず、時間をかけすぎるくらいかけるつもりで、慎重に、丁寧に取り組まなければなりません。

「子どものトラブル指導」といっても、一口で語ることはできないぐらい、本当に幅広いものです。朝の会から授業中、放課後、部活動まで、様々な場面、時間で対応も日々変わります。ある意味、この「やらねばならないこと」に翻弄される、ここが「忙しい」と感じられることは教師としては本望でしょう。

ただし、ここでもある程度、見通しをもって、共通した姿勢を意識すると、子どもたちの見え方や指導の仕方もずいぶん変わってきます。あるいは、時に効率的に、時に効果的に指導に当たれるのではないでしょうか。そして、どうしても指導場面毎の対応になってしまい、基本姿勢や基本的な流れは教えてもらうことも少ないですし、意識もほとんどしないのではないでしょうか。

そこで、以下の手順を紹介したいと思います。

①事実確認と記録
②事実確認をしつつ、本人との応答関係づくりと事情理解
③記録・メモをもとにして、指導目標と指導構想の作成
④実践と記録
⑤振り返りと、その後の観察

大切なことは、その都度、A5ノートに記録をし、その記録をもとにして指導構想を立てること。その過程で子どもとの応答関係を大切にして実践を構想することです。この指導に関するメモも、日常の些細なことが様々な事件に発展しかねない昨今、本当に大切なのです。そんなに細かくなくても構いません。殴り書きでも、二言三言で

実際のノート

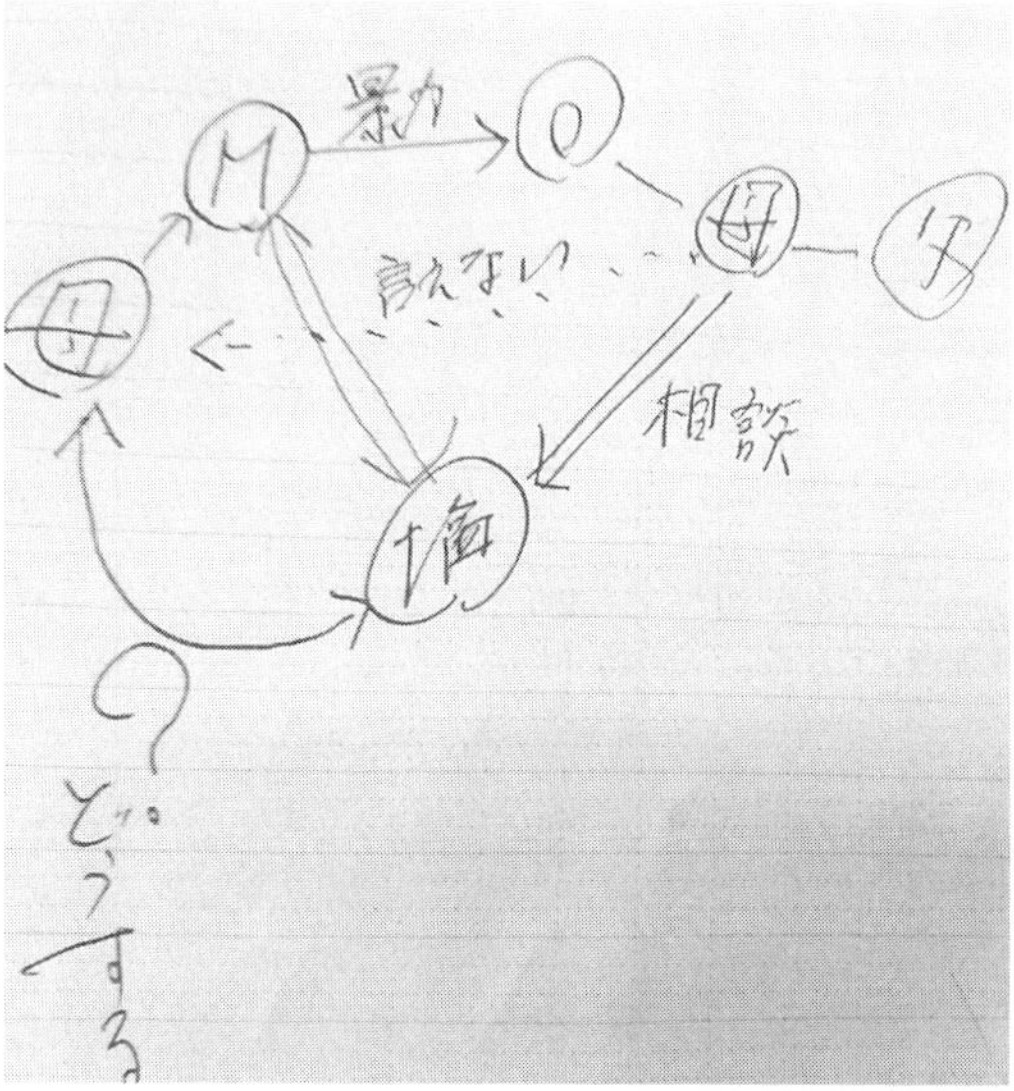

も構いません。「〇〇ちゃん、突然キレル。△△くん、鼻血」程度で十分です。とにかくメモを取り、きちんと子どもたちと応答関係を意識すること。一見、面倒なようですが、あとからのことを考えると本当に大切なことですし、メモを見ればぱっと思い出せたり、話もこじれたりしなくて済むので、無駄な時間がカットできるのです。

上記の方法で進めた実践を紹介します。

トモヤが大きな暴力事件を起こす。

4月末のＰＴＡ総会の帰り際に、他クラスの保護者とその担任から呼び止められた。

母親「塩崎先生のクラスのトモヤという子が……」

最初は丁寧な言い方であったが、だんだんと怒りで興奮してくるといった感じ。聞いてみると、ようするにトモヤが自分の子どもを「タイマンで決着をつけよう」と公民館の駐車場に呼び出し、結果的に手首を骨折させてしまったということ。

母親「トモヤ君の親に連絡するべきかもしれませんが、私も親同士のトラブルは避けたいので……、どうしたらいいかと思って……。」

トモヤの家庭のことは、みんなが噂では聞いている、やや両親が荒っぽい家庭なのだ。だから、変に刺激をして、逆にどなりこまれるのを恐れたのかもしれない。私も同様の感じを受けたので、一瞬の判断で、

私「申し訳ありませんでした。トモヤを連れて私と2人でお宅にあやまりに行かせて下さい。トモヤ君の家には私から連絡しておきます」

と答えた。母親は一瞬驚いた顔を見せたが、とりあえずこの話に決着をつけるにはその道しかみつからないと判断したのか、その場ではそれで納得し

た。
しかし翌日、「『先生を家に呼び出すとはなにごとだ！』と主人に叱られたので、私から学校に行きます」という連絡があった。結局、トモヤと私、その子とその子の母親の4人で話し合いを持つことになった。
話し合いの前にトモヤと話した。まずその子（H君）の母親から連絡があったことを伝えて事実確認。話を聞くと、パンチベースボールをしていてベースを踏んだ、踏まないでケンカになったらしい。呼び出したのもたしかにトモヤ。投げとばした時に手をついて痛そうにしていたとのこと。その時に通行人に止められて、その子の家に連絡してもらい、自分はそのまま帰っている。

トモヤ「Hはとにかくムカツクんだよ！『デブ野郎！』とか言ってくるし‼」

私「オマエの気持ちはわかるけど、暴力は絶対にダメだ。どんな理由があろうとも、ケガをさせてしまった方が悪い！」
反抗してくると思ったが、意外と素直に聞いている。「だったらどうしたらいい？」という顔。

私　「とにかく今日、H君のお母さんが来るから、先生と一緒にあやまろう」
トモヤ　「しおちゃんマンもあやまるのか？　親の前で??」と不思議そうな顔。
私　「あたりまえだ！　先生はお前の担任だし……」
なぜかホッとしたような顔をするトモヤ。
私　「日本一美しい土下座の仕方を教えてやるから（笑）、一緒に練習しよう」
と、2人であやまり方の練習。4人の話し合いでは、まず私とトモヤがH君とその母親の前で頭を下げた。そして今後お互いに絶対に暴力で解決しようとしないことを約束。
H君と母親が相談室から出た後、トモヤと2人で話す。
私　「オマエ、お母さんを泣かしちゃだめだぞ。お母さんはオマエのために今までどれだけつらい思いをしてきたか考えたことがあるか？　お母さんを大切にしないと……」
こんな何気ない私のせりふで意外なことが起きた。トモヤが泣き出したのである。彼と出会って、この学級が閉じるまでの間、彼の涙を見たのはこの時1回だけである。

さて、私にはまだ大きな宿題が残っていた。トモヤの母親にどのように知らせるかである。

悩んでいるとその日にすぐに電話がかかってきた。

トモヤ母「先生！　またトモヤが何かやらかしたんだって？」

私「えっ？　ええ……、まあ、ちょっとケンカを」

トモヤ母「相手は先生にあやまらせたって聞いたよ。ひどいねえ。うちは『男のケンカはタイマンで！』ってしっかり教えてるからね。そんな男の勝負にどうして親が口だしてくるかねえ。私から言ってやろうか？」

私「ダ、ダメです！　絶対ケンカするでしょ」

トモヤ母「こっちだって首にひっかき傷つけられてるんだからあいこでしょ。やっぱり電話しようか？」

私「いや、私の方で十分あやまっておきましたので、今回は私の顔を立てて、これでオシマイにしてくれませんかねぇ」

するとと急にトモヤ母は元気がなくなった感じで、

トモヤ母「すまないねえ、先生。でも、相手に傷つけておいて親が何もしないいん

私　じゃ、また何言われるかわかんないよ」

「だから今回は私があやまったし、お母さんの気持ちも伝えておくから、機会があったらあやまっておいてください」

するとと電話の向こうで鼻をすする音。たぶん泣いていたのだと思う。

その後、お母さんのつらい気持ちをつたえたらトモヤも泣いたことや、彼は誤解されるけどそんなに悪い子ではないことなどを話して電話を切った。

翌日トモヤが、「おかあさんが家庭訪問の時にしおちゃんマンに飲み物ごちそうするって言ってた」というので、「飲み物はトイレにいきたくなっちゃうからおことわりしてるんだよ」と言うと、「もう、準備しちゃったみたいだ」というので困ってしまった。

家庭訪問でトモヤの家からの帰り際、母親がくれたのは缶コーヒーだった。缶コーヒーでもなぜかすごくうれしくて……、その缶はしばらく捨てられなかった。

この実践での記録のタイミングは、以下の通りです。
◎H君の母親から事件を知らされた時に事実と次の指導構想をノートに。特にトモヤと何をどう話すのかを丁寧に構想。
◎H君とその母親に2人であやまる直前とその時の様子の記録。
◎トモヤの母親とどう話すのかの構想。ただこの時は、その構想が固まる前にトモヤの母親から電話が来てしまったが。

◆SNSに関するトラブルの記録

もう一つ、トラブル事例です。最近は小学生でもSNSをめぐるトラブルが出てきました。以下もその一つですが、この指導の際もメモが役に立ちました。

この実践のメモは次の通りです。
◎時系列の事実をメモ。
◎学年会で出た意見をメモ。
◎指導についての私自身の思いをメモ。
こうした「事実・意見・思い」のメモは、メモの大切な三要素です。

〈時系列の事実〉

学年末での出来事。

「6年生を送る会」の演技は自分たちで企画。ダンスで盛り上げて、最後は、嘘でない感動的な呼びかけと合唱でしめる、といった子どもたちらしいシナリオ。

そんなある日、隣のクラス（２組）の担任（6年目女性）と、ナツ（ダンスリーダー）から相談あり。

ナツがリカにＬＩＮＥに悪口を書かれたとのこと。

なぜ知ったのかを尋ねると、モナから聞いたという。（全て２組）

モナは、ナツ抜きのリカが主催するＬＩＮＥグループに入っていて、急にリカがナツの悪口を書き始めたのでびっくりしたことと、その内容が「死んでほしい」等、ひどすぎるので本人に伝えたという。

私は、モナからスマホをそっと（親に内緒で）学校に持ってきてもらい、その画面を確認。

悪口が書かれた画面をスクリーンショットして、学年の職員に相談。

画面には、リカがいきなり、「ナツうざい」から始まり、まわりのメンバー（グループはリカを含めて４名）も同調している。伝えに来たモナもＬＩＮＥ上では同調していることもわかった。

〈学年会で出た意見〉

学年会では、次のように多様な意見が出た。

(1)　ＬＩＮＥグループに参加しているメンバー全員に厳しく指導する。

リカの保護者には別の日に来校してもらい、ＬＩＮＥの画面を提示して事実を確認しながら、家でも厳しく指導するように要請。(管理職もこの意見)

(2)　まずリカを呼んで、ナツとの間に何があったのかを聞く。メンバーを呼ぶのはそれからでいいのではないか。いきなり保護者を呼ぶのは問題を大きくしてしまうのではないか。話によっては、リカとナツ、他のメンバー２人でいいのではないか。

(2)の意見もあったが、学校の指導方針……、というよりも、管理職の要請によって、ＬＩＮＥメンバー全員が校長室に集められた。(担任と私、校長も同席)

まず死んでほしい等の悪口を書いたことの事実確認。しかし、なぜ書いたのかをリカに問うても、「ウザイから」としか答えない。他の３名もどうしてそんな話題になったのかよくわからないという。

とりあえず、ＳＮＳの利用の仕方やマナー等を担任が厳しく指導。

２日後、リカの母親が呼び出され、担任、リカ本人、母親の三者面談。母親はその場で泣きながら謝罪したという。
そして、ナツ本人とその保護者にお詫びをしに行くという。
〈指導についての自身の思い〉
事件はこれで一件落着のように思えた。
２組の担任も、学年の職員や管理職にお礼を述べていた。
しかし、何かしっくりこない。

メモと記録があったおかげで、今どきの子どもたちの「表情」が見えてきます

未完の実践ですが、その後を紹介しておきます。

後日、担任とこの件について話をした。

しお「リカとナツの関係について知っておく必要があるような気がして……、なぜリカが急にあんなこと書いたのかが気にならない？」

担任「私も気になっています。あのことがあってから、リカとナツは口も利かないし、目も合わせないので……」

しお「リカに聞いてみたらどうかな？」

担任「実は、あれから何度か聞いてみたのですが、答えてくれなくて……」

しお「担任の先生だから、逆に言いにくいのかもしれないね。聞いてみようか？」

担任「いいですか？　お願いします」

翌日、リカと、仲の良いスミレ、ナギサの3人に

しお「ねえ、久しぶりに屋上行って話しようよ?」

リカ「やったー! 3人だけでいい?」

しお「いいよ」

以前、一生懸命掃除をしていたご褒美に、屋上に連れて行ってあげたことがあって、それ以来、会うたびに「しおちゃんマン、屋上は?」とおねだりしてくる。

リカ「でもどうして?」

しお「LINEのことで嫌なことがあったでしょ。元気がないから……」

リカ「ホントムカツクんですけど~、ナッ」

スミレ、ナギサもうんうんと頷く。

そこで、そのことは明日、屋上で、と約束。

翌日の昼休み……、3人を連れて屋上へ。

しお「それでナツのことなんだけど～」

リカ「あっ、それもういいの、終わったから。仲直りしたよ。」

しお「……、いや、そういう問題じゃなくて、あの時に何があったかということを……」

リカ「だから、もういいの！　あの時はちょっとむかついただけ。それをモナがチクったでしょ。モナ、ムカツク。でもいっか、あ～気持ちいい～」（息を吸い込み、3人で鬼ごっこを始める）

なんなんだ？

彼女たちにとって、LINEで悪口を書き込むってそんなに軽いことなのか？

あとでナギサに聞いてわかったことは、ダンスのリーダーのナツが、自分はすごくうまく踊れるからって練習を仕切ってくることが嫌だとナギサが言い出したことがきっかけ。その声を代弁して確認するために、「ムカツカない？」と書い

たらしい。「死んでほしい」はリカの書き込み癖らしい。（ナギサ談）

かみ合わない……。
ずれてしまう……。
いや、かみ合う必要があるのか。
どこまで彼女、彼らの裏の関係に介入できるのか、するべきなのか。
何が、どう、すれ違っているんだろう?
彼女たちに、何を、どう、教えるべきだったのか。

完結した実践ではありません。うまくいかないからこそ考えるべき＝「やらねばならないこと」の一つかもしれません。
いずれにしても、このメモには日常的に起こっている事実と、それをどう指導していくのかの、教師としての苦悩をまとめてあります。このような記録があってこそ、次の実践に生きてくるのだと考えています。

◆日刊で学級通信を発行する

「やらねばならないこと」は、トラブル対応・指導だけではありません。「やらねばならない」ことの中には、意図的に『自分に課した仕事』もあります。つまり、その仕事を自分に課すことによって、教育的意義だけでなく、仕事にリズム感を持つのです。その結果、他の仕事もサクサクと進めることができるのです。

たとえば私の場合、毎日発行してきた学級通信があります。最近では「多忙化」の要因、「単なる教師の自己満足」といわれあまり評判が芳しくないとも聞きますが、私自身は現役教師生活37年間、1日も欠かさず、日刊で学級通信（以下、「日刊通信」）を発行し続けてきました。

日刊通信は、翌日の記事を書きます。まず日刊通信を書くことが、私にとっての仕事のスイッチになっていました。（日刊通信はB5判。20分以内に終わります。）

教師になった当時は、ガリ版・鉄筆（若い人は知らないでしょうか……）で書いていました。それがやがてファックス印刷になり、ワープロ、そしてパソコンへと発展していく歴史を、日刊通信でも辿ってきたことになります。

内容は、学習や行事に向けての保護者への連絡や報告、子どもたちの作文や日記（掲載は本人の了解を得ること）、教室で起こった出来事についての私のコメント、教育問題についての私や子どもたちのコメント等々、多岐にわたりました。

そして日刊通信の目的は、

◎家庭（保護者）と学校（教師）をつなぎ、共同の子育てにつなげる。
・子どもたちの思い、教師の思いを共有する。
・教育の課題について共有し、共に考える。

学校・教師にとって保護者の皆さんは、敵ではないし、モンスターでもありません。逆に、私自身を守ってくれた、〝最後の砦〟だったと思っています。そして日刊通信が、そんな関係をつくるための、大切なツールになったことも事実です。

ただし、日刊通信は一つのやり方に過ぎません。「関係づくり」は「やらねばならないこと」の一つでしょうが、やり方は教師毎に様々です。なるべく負担は軽くしながら、しかし、しっかりと関係づくりを考えていきたいものです。

2017年4月7日（金曜日）　　××小学校5年1組担任:塩崎義明発行　NO.001

しおちゃんマン

通信

塩崎義明 OnlineOffice　http://shiozaki.info/

みんなが笑顔(えがお)になれる教室に！

［保護者の皆様へ］
5年1組の担任になりました、
塩崎義明(しおざきよしあき)です。

全力で頑張りますので、よろしくお願いいたします。

◇名前　**塩崎 義明(しおざき よしあき)**

※ニックネーム　**しおちゃんマン**

◇生年月日　19××年×月××日(今年の9月で60歳)
今年度で、定年退職です。最後のクラスになります。
◇体の大きさ　178.5cm 82kg　※血液型　O型(性格とは無関係？)
◇生まれて育った所　千葉県××市生まれ。千葉市育ち
◇住んでいる所　〒××－××　××××××
※駅はJR××××駅。
※奥さん、猫2匹と住んでいます。(××市に孫が一人)

この「しおちゃんマン通信」は、5年1組の**日刊の**学級通信です。
教室での出来事や、担任からのメッセージを日刊でお知らせしていきます。

1年間、よろしくお願いいたします。

緊急時担任携帯：080-×××-×××　　緊急時担任宛携帯メール　××××@docomo.ne.jp

2018年3月23日（金曜日）　　××小学校5年1組担任:塩崎義明発行　NO.198(最終号)

しおちゃんマン通信

しおちゃんマン★ブログ http //ameblo.jp/shiozakiy

やっとわかったこと

さいきん　やっと　わかった
それは　**幸せって　どんなことか…、ってこと**

今までは、
たくさんの人に　ありがとうって…
感謝される人生が幸せな人生だと思ってた。でもちがう……。
ありがとうって、感謝される人生よりも、
ありがとうって言える相手がたくさんいることの方が幸せなんだって

5年1組の子どもたち　本当にありがとう
しおちゃんマンは、とても幸せでした。

保護者の皆様、本当にありがとうございました。
みなさんのおかげで、幸せな小学校教師人生をおくることができました。

37年間、しおちゃんマンと出会った全ての子どもたちと保護者の皆さん、
そして同僚たちに
幸せいっぱいな笑顔で、ありがとう　と言いたいです。

ありがとうございました。

そして……、涙をこらえて……、

さようなら。

緊急時担任携帯：080-×××-×××　　緊急時担任宛携帯メール　××××@docomo.ne.jp

第5章

「やりたい仕事の発想術」

▼仕事レベル6▽やりたいこと

▼仕事レベル7▽やれたらいいなと思うこと

本章では、やりたいこと、やれたらいいなと思うことについて、どう発想を生み出し、膨らませていくのかのスキルを紹介したいと思います。

ところで、このレベルの仕事は、なかなかできないと思っていないでしょうか。あるいはそもそも「やりたい」「やれたらいい」と思うこと自体を忘れてしまっていないでしょうか。小さなことでも構いません。教師の一番の醍醐味といってよいでしょうから、余計な仕事は早々に済ませ、ここに時間をつぎ込みましょう。

ここで大切なことは、自分の方法を発見することです。そこでまず、私自身がどのように自分に合うスキルを試してきたかを紹介したいと思います。

教師にとってオリジナルな発想を用いる機会は、授業づくり、行事づくり、子ども集団づくりの場面でしょうか。そういった取り組みの中で子どもたちに笑顔が生まれることをイメージしながら、アイデアあふれる教育実践をつくり出していくための発想術と、その具体的な実践例についても紹介、提案してみたいと思います。

◆パソコンのテキストエディタを利用する

私は現職の頃から、教育関連の原稿を書いたり、研修会等に呼ばれて話をしたりする機会を与えてもらっていましたし、今でも時々お声かけいただきます。どのように原稿を書くか、そして研修会で何をどう話すのかを発想していく必要があったので、その発想術については、かなり以前から興味がありました。

最初に意図的に取り組んだのが、パソコンのテキストエディタを利用することです。テキストエディタとは、テキストを書くことを専門とするソフトです。Windows機の「メモ帳」もテキストエディタの一つです。当初私は、Macパソコンを使っていたので、テキストエディタは「Jedit」を利用していました。今は、Win機なので「Mery」というテキストエディタを利用しています。

なお、テキストエディタを使うのは、容量が軽くメモ代わりになるからです。最近では様々なメモソフトやワープロソフトもありますので、そうしたものを活用してもよいでしょう。

たとえば、このテキストエディタで原稿を書くために、以下のような定型をつくっておきます。

タイトル
1．問題提起と結論
⑴課題、テーマについて
⑵結論１
⑶結論２
⑷結論３
2．結論１についての理由・説明
3．結論２についての理由・説明
4．結論３についての理由・説明
5．まとめと今後の課題等

もちろん内容によって、多少形は変わっていきますが、私の文章は（まとまった文章は）基本的にはこの形を基本としています。

実は講演もこの形が基本です。講演の時には「理由・説明」のところに具体的な実践例をたくさん盛り込んでいくわけです。結論を先に書いてしまう理由は、読む人が、読みのスタンスを決めやすいのではないかと考えているからです。

このテキストエディタは、発想術としても利用します。

当時、「学校選択制」が話題になっており、そのことについて原稿を書かなければならなかったことがありました。そこで、まずテーマ「学校選択制」から連想する言葉を思いつくままに、テキストエディタに順不同で書いていきます。

学校間競争
教師とのトラブル
学力競争
私立学校介入
途中転校
選択基準
不適格教員研修制度
教師リストラ
・
・
・

次に、これらの言葉を並び替えたり、関連付けたり、まとめたりして文章にしていきます。パソコンなので、コピー&貼り付けを繰り返せば簡単にこういった作業ができるわけですね。

◆マインド・マップにはまった時期

発想術で有名なのが、マインド・マップです。

マインド・マップとは、セントラルテーマとよばれる中央のテーマから連想できる事柄を放射線状に図式化していく思考方法です。以下に、私自身が作成したマインド・マップの写真を公開します（次ページ）。

こういったマインド・マップを作成後、その図をもとにして文章を書いていくわけです。詳しくは、関連書籍がたくさん出ているので参考にしてみてください。

◆付箋の活用

これもかなり一般化されてきました。付箋の活用です。

場面や好みに応じて使い方は変わるでしょうが、私は7・6×2・5㎝の黄色い付

マインド・マップ

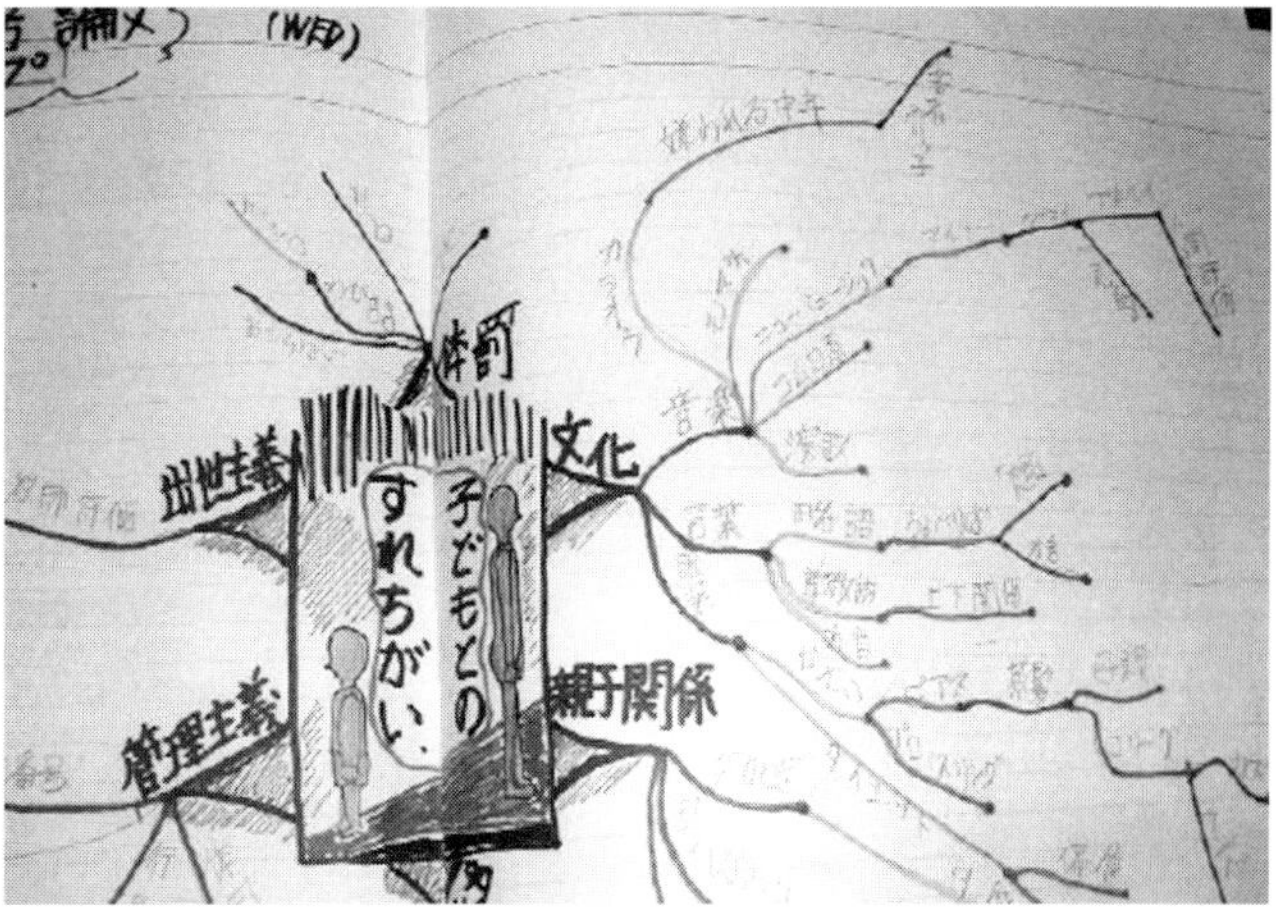

箋を利用しています。なぜこのサイズなのか等は、第4章に書きましたのでご覧ください。

この付箋は、発想術としても利用します。テーマがある時は、そのワードから思いついたことを、1枚に1項目、黒の文字で書いて、ノートに貼っておきます。何枚かたまったら、それを机上で仲間分けしたり、関連付けしたりしながら並び替えます。その過程で新たに思いついたことがあれば、今度は青い文字で付箋に書いておきます。同様の作業をしながら、三巡目で思いついたことは赤い文字で付箋に書いて貼り付けます。

ここまでくれば、付箋の並びを見て、ど

んどん原稿が書けるようになります。

◇スマホアプリで

付箋を利用した発想術は、最近ではスマホのアプリでも同様の機能があります。たとえばメモアプリ。色々ありますが、私はNooteFreeとColorNoteを利用しています。

NooteFreeは、カテゴリー別にメモを作成できることが私には合っています。自分でカテゴリーフォルダーをつくって、何か思いついたら、いつでもそのカテゴリーにメモを作成しておきます。

コツはとにかく思いついた時点で、どんなことでも一言メモを作成しておくことです。「思いつきの貯金箱」のつもりで、メモを貯めていきましょう。

ColorNoteは、NooteFreeでため込んだ「思いつき」を関連付けながら、文章にしていくアプリです。関連付けたり文章を書いたりするのは自分ですが、このアプリは長めの文章を書くのに便利です。

スマホアプリは、数えきれないほどあります。ぜひ色々ダウンロードして、自分に合ったアプリを見つけてみてください。

これらのアプリのおかげで、私はブログ投稿で話題に事欠くこともなく、日刊で学級通信を書き続けることができています。

◆発想術を使って考えたオリジナル授業

さて、これらの発想術を使って思いついたオリジナル授業を紹介します。

小学校3年生で、地元の名産品について学習する授業です。

まず発想術として、この時はパソコンのテキストエディタを利用しました。

当時の勤務先の学校があった「浦安」、そして「名産品」というセンターワードで、思いつくままに、思いついた言葉をテキストエディタに打ち込んでいきました。

ここまで書いて、「定番」はどんな授業かと思い、浦安を扱った副読本を読んでみました。すると、そこでは「佃煮」を扱っていました。佃煮工場に出かけるのが浦安市の3年生の定番でした。同じことはしたくないと思っていて、先のオリジナルメモを見返すと、ふと「焼き蛤」というワードに目が行きました。浦安の焼き蛤は、話には聞いていたのですが、その時は私は見たことも食べたこともなかったのです。よし、

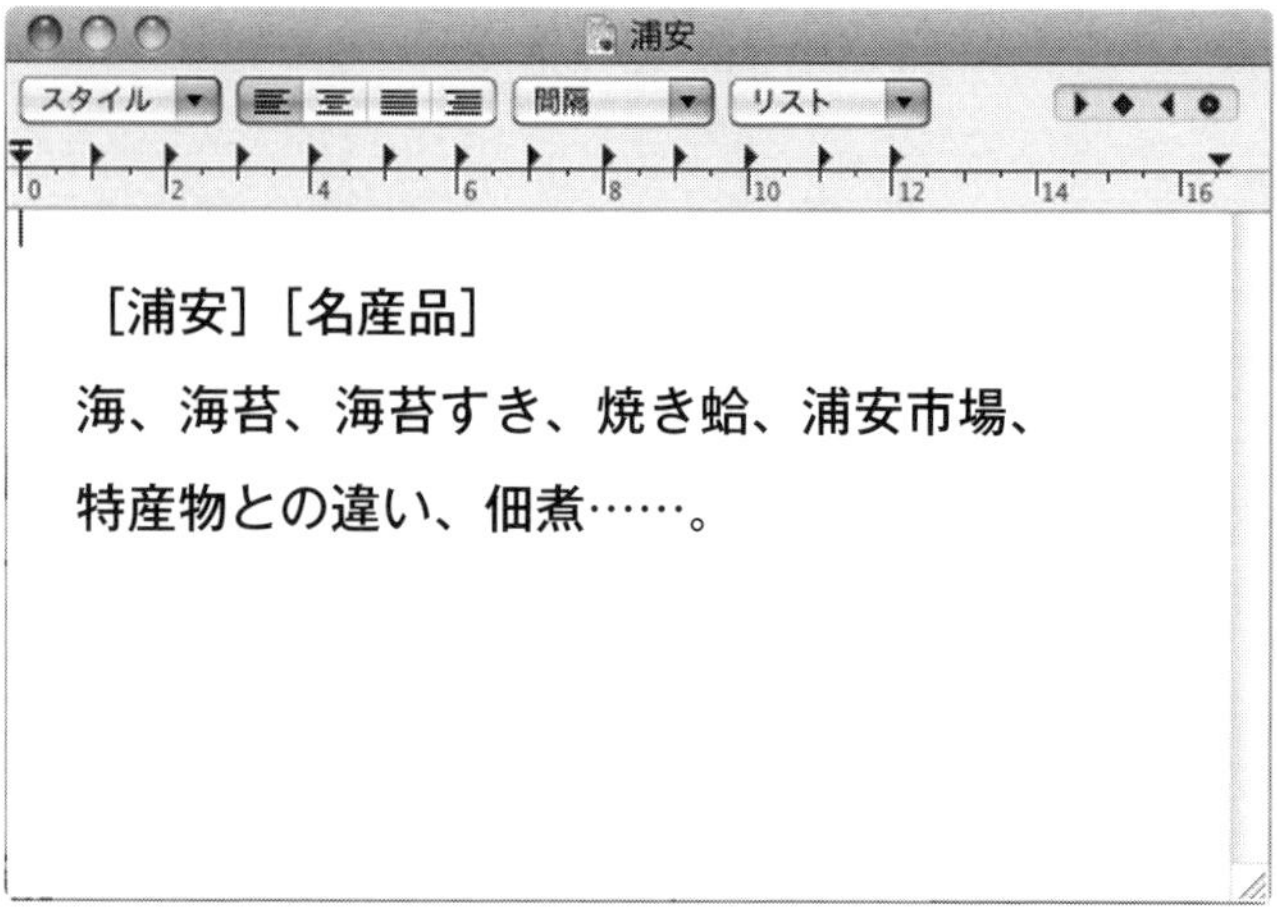

焼き蛤を扱ってみようと思いました。

次に、【焼き蛤】をセンターワードにして、さらに思いつくことをテキストエディタに書き出していきます。

発想作業をしてみて、焼き蛤についての自分の情報の少なさにびっくりしてしまいました。私がそうなのだから、子どもたちはもっと情報が少ないに違いない。それが地元の名産品なのだから、地元との関連も大いに学べそうです。

発想術は豊かな発想の助けにもなりますが、「発想ができない」と気づくことからも前に進むことができるのです。

さっそく、浦安の焼き蛤について調べて

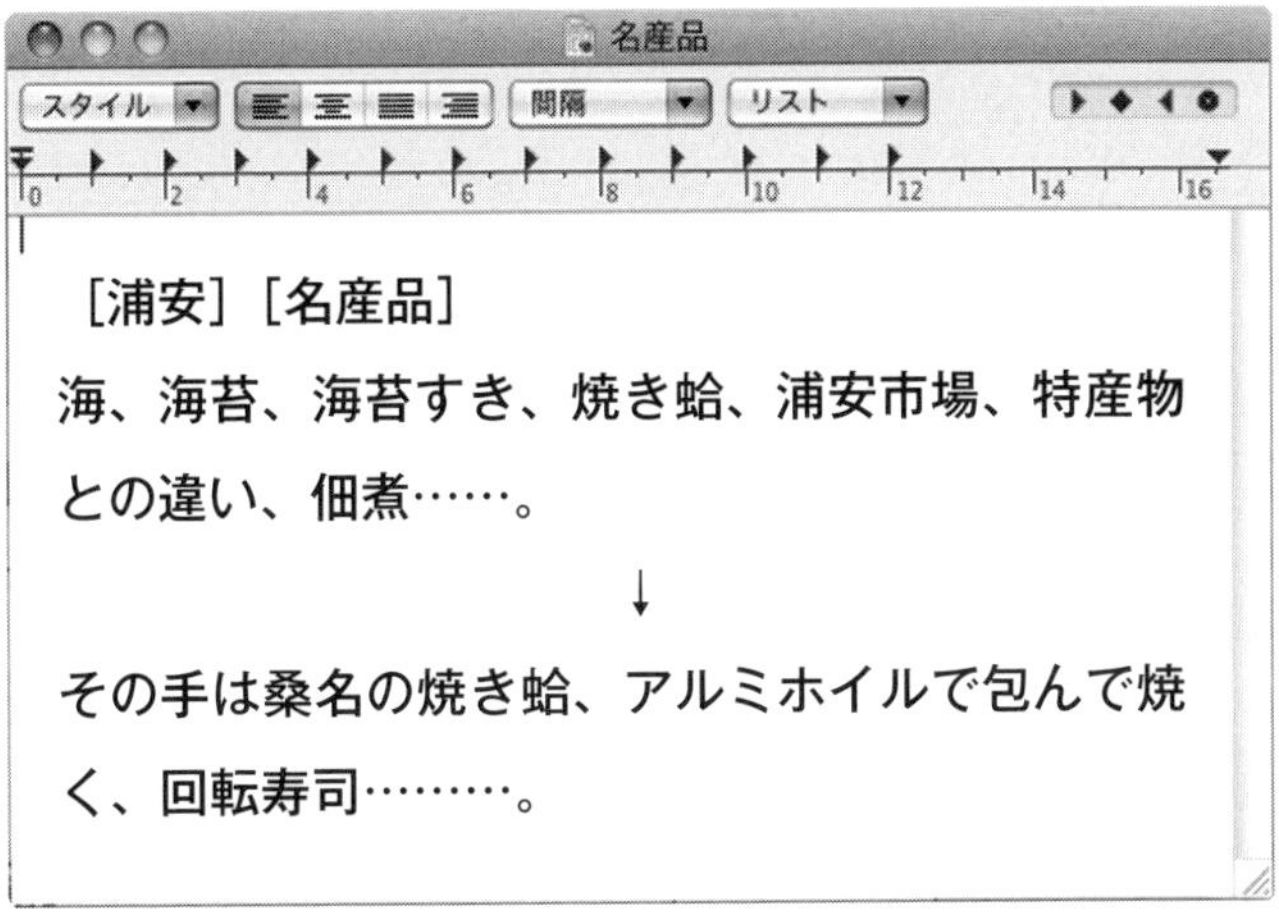

みました。すると桑名の焼き蛤と違った特徴があることに気づきました。よし、それを導入のクイズにしてみようと思いました。それはなんなのかは、授業の紹介の時にお知らせします。

　次に、授業ツールとして取り入れたいことを、これもまた思いつくままにエディタに打ち込んでいきます。

［授業ツール］

　班対抗クイズ、実際に食べる。ワークシート、意見の違いを生み出す、老舗のお店に見学に行く……

　このようにして、パソコンのテキストエ

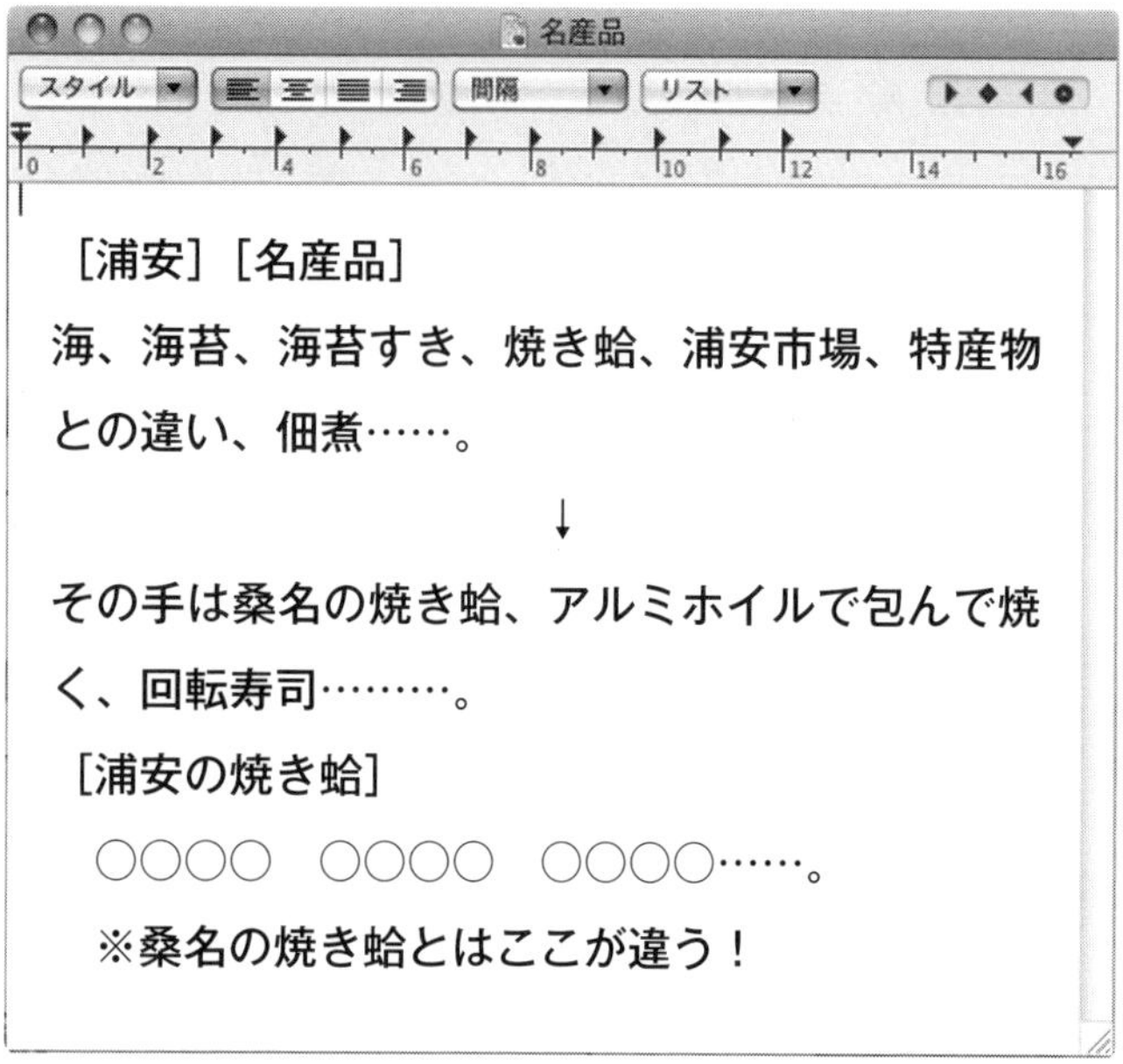

［浦安］［名産品］

海、海苔、海苔すき、焼き蛤、浦安市場、特産物との違い、佃煮……。

↓

その手は桑名の焼き蛤、アルミホイルで包んで焼く、回転寿司………。

［浦安の焼き蛤］

○○○○　○○○○　○○○○……。

※桑名の焼き蛤とはここが違う！

ディタを発想術として利用して、考えたオリジナル授業が以下の『焼き蛤の授業』（小3・社会科）です。

(1)「名産品」とは、その地域で有名な産物のことです。しかし子どもたちは「名産品」というものの意味について理解できていないと予想されたので、まずその言葉の意味をおさえました。

(2)「はまぐり」について子どもたちがどのくらい知っているのかをたずねました。するとほとんどの子が、名前は知っていても、見たことやさわったことがないらしいので、本物の「はまぐり」を渡して観察しました。

(3) さて、次はいよいよ「焼き蛤（やきはまぐり）」についてです。浦安に住んでいるはずの子どもたちですが、「浦安の名産品」と言われても、ほとんどの子どもたちはその食べ物を見たことがありません。

そこでまず、学習班（３人）で相談しながら、「浦安の焼き蛤（やきはまぐり）」とはいったいどんなものなのかを想像して、その絵を大きな画用紙に描いて発表することになりました。

(4) さきほど渡した、実際の「はまぐり」を見ながら相談して絵を描きました。描いた絵は、学習班毎に発表しました。はまぐりを一個そのまま焼いたものと、串に刺さっているものとに分かれました。

(5) 全班が発表したら、正解の写真を大きくスクリーンに映し出します。

(6) 隠していた本物の焼き蛤を子ども一人ひとりに配りました。

子どもたちは本物の焼き蛤を見て大喜び。しかし、食べる前にまずは見た目の観察です。本物の焼き蛤を見て、わかったことを発表しました。

・たれがかかっている　・こげている　・3個串に刺さっている

・生と色が違って茶色　・串もこげている　・生よりもかたい感じがする

その他たくさんの意見が出ました。

(7) そしてお待ちかね、実際に食べてみることになりました。そしてその感想をワークシートに書き込んでいきます。、

・しょうゆ味　こげた感じ　・ほろにがいけどあっさり

・なかなかかみきれない　・ただのしょうゆではない

・にがいけどおいしい　・海の味がする

その他たくさんの意見が出ました。

(8) そして、みんなが見たり食べたりした焼き蛤……、いったいこれは「どうや

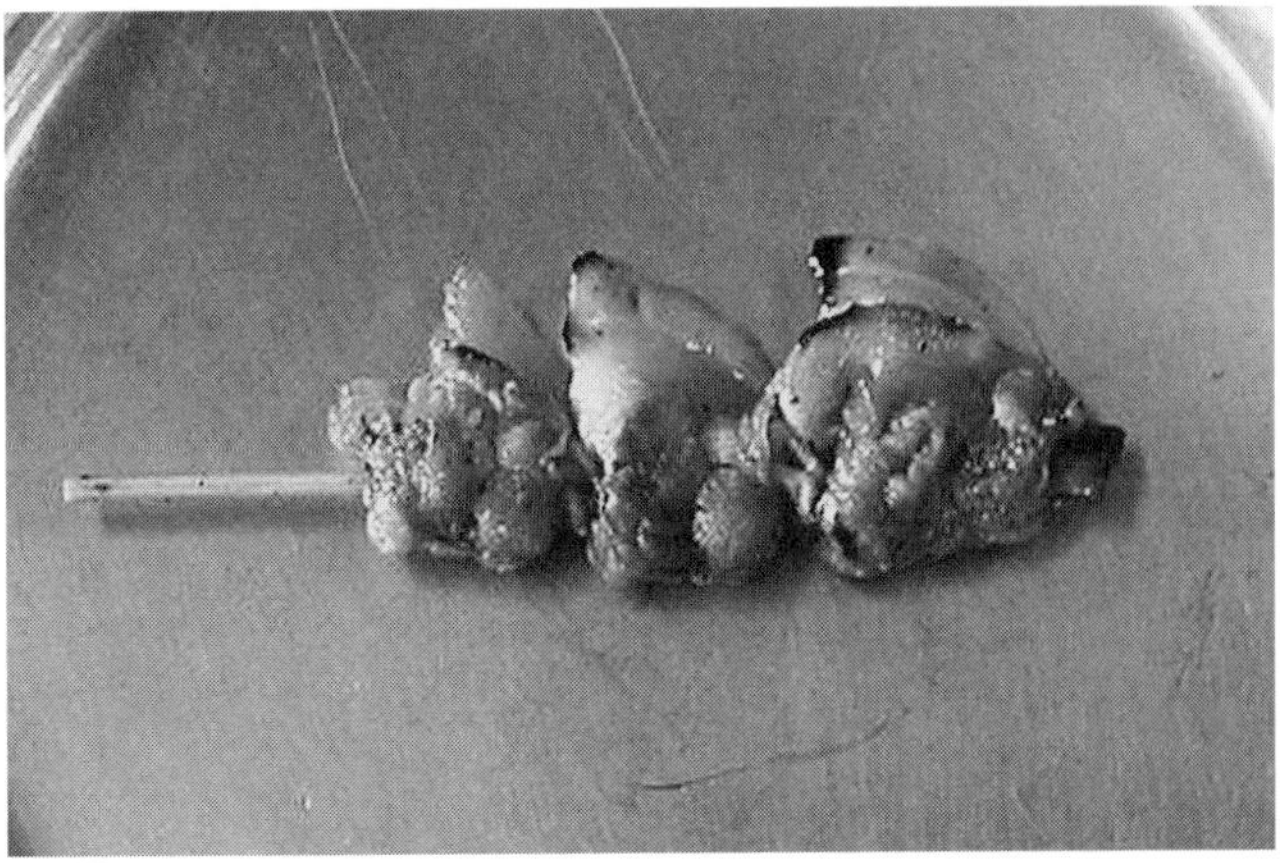

焼き蛤

子どもたちの発表の様子

って作っていると思いますか？」と発問。
子どもたちは一人ひとり自分の考えをワークシートに書きました。
出てきた意見は、
・海からとってくる　・砂ぬきをする　・あらう　・みをとる
・工場で調理　・串に刺す　・塩かける　・胡椒をかける
・焼く　・両面を焼く　・干す　・やきながらたれをつける
・たれの中で泳がせる　・屋台で売る　・スーパーでも売る
・焼いてからたれ　・たれをつけてから焼く　・炭火で焼く
・鉄板で焼く　・たれと焼きは何回も繰り返す
これもまたたくさんの意見が出されました。
(9)
出てきた意見を確かめるために、次週、焼き蛤屋さんに見学に行くことになりました。具体的に、「焼き蛤」がどんなところで、どんな方法で作られて、それを売るためにどんな工夫がなされているのかを学習してきたいと思っています。

◆朝の会で何を話すか

もう一つ、「やりたいこと」を実現させた事例です。学校で結構大事なのが朝の会です。しかし最近は、この時間にも色々やることがあって、なかなか担任が子どもたちに話をする時間がありません。英語やそれに代わる教科を朝の会の時間にモジュールでやったり、朝読書や読み聞かせが入ったり……、合唱の練習をしなければならなかったりと、朝からハードです。

でも、やっぱり少しゆっくり、子どもたちに話をしたくなりませんか？　もし話をする時間があったら、やはり、今話題になっていることを子どもたちと話をしてみたいものです。教師と子どもたちとの距離を縮めることだけでなく、それが大きな学びに発展することもあるのです。

その時に、テキストエディタやメモアプリ、そしてスマホ検索などを使って、教師の10分間スピーチをつくることができます。その時、その時に起こったニュースを素早く「手元で加工」して、池上彰さんのようにわかりやすく解説し、子どもに考えさせる時間にしたいものです。

たとえば少し前の話ですが、2018年のFIFAワールドカップの決勝戦は、フランス対クロアチアでした。結果は、フランスが4-2で勝利し5大会ぶり2度目のワールドカップ制覇を成し遂げました。

しかし、クロアチアの健闘を世界中のサッカーファンは讃え、最優秀選手には、クロアチアのモドリッチ選手が選ばれました。

実は同じ日、テニスのウィンブルドン決勝が行われ、セルビアのジョコビッチ選手が怪我から見事復帰して優勝を果たしていたのです。

んっ？　クロアチアとセルビア？なんか関係があったような……。そんな気がしてスマホで検索しました。

調べてみると、やはりクロアチとセルビアは、以前同じ国だったのです。ユーゴスラビア社会主義連邦共和国でした。同じ日に、二つの大きな大会で、もともと同じ国だった選手たちが活躍したのです。これを子どもたち（対象は5年生以上）に話さないわけにはいきません。

そこで、ユーゴスラビアについての情報を調べて、素早くコピーして、メモアプリに貼り付けておきました。メモは、6枚です。

メモ①

ユーゴスラビア社会主義連邦共和国（1929-2003）

七つの国境と（イタリア、オーストリア、ハンガリー、ルーマニア、ブルガリア、ギリシア、アルバニア）

六つの共和国と（スロベニア、クロアチア、セルビア、ボスニア・ヘルツェゴビナ、モンテネグロ、マケドニア）

五つの民族と（スロベニア人、クロアチア人、セルビア人、モンテネグロ人、マケドニア人）

四つの言語と（スロベニア語、セルビア語、クロアチア語、マケドニア語）

三つの宗教と（正教、カトリック、イスラム教）

二つの文字を持つ（ラテン文字、キリル文字）

一つの連邦国家

といわれるほどの多様性を内包した国家であった。

メモ②

ゲルマン民族の勢力拡大
トルコやオーストリア支配からの解放
第二次世界大戦で、ドイツ軍をおっぱらった
その時の大統領は、チトー（1892–1980）
（考え）諸民族が平等・共栄する国家を作る。
（結果）ユーゴスラビアを建国して史上初めてバルカン半島を統一。
連邦を構成する共和国それぞれを尊重しながら、経済政策をある程度成功させた

メモ③

1990年代、内戦が激しくなる。

1991年にスロベニア、クロアチア、マケドニア共和国が相次いでユーゴスラビアからの独立を宣言クロアチアとは泥沼化。以後約10年に及ぶユーゴ紛争が始まる。

1992年３月にボスニア・ヘルツェゴビナは独立を宣言それをきっかけに、独立に反対するセルビア人と賛成派のクロアチア人・ボスニア人の対立がさらに深まる。そしてついにボスニア・ヘルツェゴビナ紛争が勃発。

メモ④

チトー亡き後のユーゴスラビア大統領は、各連邦国家の首相が輪番で担当

オシムが率いた90年W杯十分強かった。ストイコビッチが世界的スーパースターに。

92年欧州選手権はユーゴが優勝候補の大本命。

しかし、ユーゴ内戦に対する制裁として出場停止、

開催国のスウェーデンに乗り込んでいたにもかかわらず、ユーゴ代表は戦う前に帰国。

大会はユーゴの代わりに出場したデンマークが優勝するという皮肉な結果に。94年W杯も出場停止。幻の最強チームとなる。

メモ⑤

2001年　民族別に三つに分かれているボスニア・ヘルツェゴビナのサッカー協会が統合を拒否したために、同年4月1日FIFA、UEFAから資格を停止され、4月にその解決のために設置された「正常化委員会」の委員長にオシムが就任。5月に3人並立していた会長を一本化させたことで、同月末に資格停止が解除。同国代表は、2014年サッカーW杯ブラジル大会本選進出を果たした。

次に、紙のノートに10分間の流れを簡単にメモします。

メモ⑥

オシム「サッカーは、政治を超えることができる」
ジョコビッチ「我が友たちの健闘に友情のエールを送る」
スポーツが政治・国境を超えるのであれば、もっと国はスポーツする権利を保障するべき

◆導入〈３分〉
◎ユーゴスラビア周辺の地図を映し、ここはなんという国なのか当てたり、地図帳で調べてみたりする。今は色々な国になっていることを知る。
◎先日終わったサッカーワールドカップの話題を子どもに向け、同じ日にウィンブルドンテニスで、セルビアのジョコビッチ選手が優勝したことを知らせる。子どもたちに地図帳を見せ、クロアチアとセルビアは、元々ユーゴスラビアという一つの国であったことに気付かせる。
◆説明〈４分〉
・ユーゴスラビアの複雑な事情。
・それでもチトー大統領が一つにまとめたこと。
・チトーがなくなった後に内戦が始まって、オシム監督ひきいるユーゴ代表は、ヨーロッパ選手権は出場停止処分になったこと。
・1990年代に内戦がさらに激しくなり、2003年にそれぞれの国が独立し、今の状況になっていること。
◆スポーツ（文化）は政治を変えることもある〈３分〉
・オシムは、民族で分裂していたボスニア・ヘルツェゴビナを一つのチームにまとめて、なんと2014年サッカーW杯ブラジル大会本選進出を果たしたこと。
・オシムとジョコビッチのメッセージを板書

どうでしょうか。時事の話題をタイムリーに子どもたちに紹介したり、考えてもらったりするために、自分自身も楽しみながら、作業してみませんか？

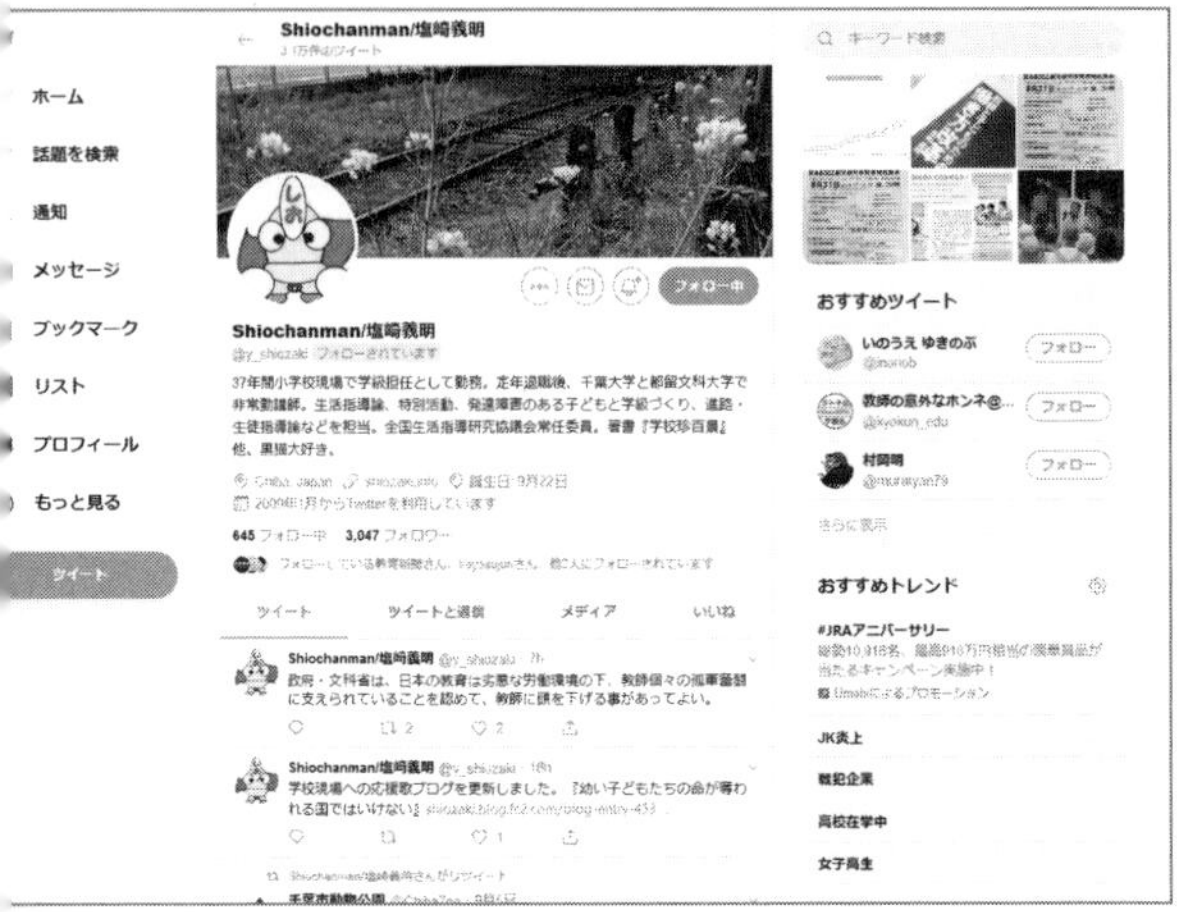

◇Twitterがメモになる

朝の会で、今世間で話題になっていることを子どもたちに話したり、問題提起したりすることは大切な学びだと考えています。話題のキャッチは、講演で全国を歩いて相談を受けた内容だったり、日常的には、それこそＳＮＳだったりします。そのためのメモ代わりとして私はTwitterを多用していました。キャッチした話題や、人から聞いた話を、とにかくTwitterをメモ代わりにして書き込んでいきます。

こうすることによって、単なるメモだけ

ではなく、フォロワーからのコメントがあったり、リツイートや「いいね」の数がわかりますから、反応を確かめることができるのです。そうして日々の話題、ニュース、トピックスを少し練った形で子どもたちに提供できます。

つまり、ＳＮＳは情報のインプットだけでなく、アウトプットのためのメモとして利用できるのです。

◆発想を豊かに、作業は手元で

レベル６「やりたいこと」、レベル７「やれたらいいなと思うこと」の仕事は、何よりも教師自身も楽しめることが大切です。子どもの驚いた顔やニコニコした笑顔を思い浮かべながら、授業づくりや話題づくりを進めていきたいものです。

そして、子どもたちを驚かせるためには、教師自身の「遊び心・いたずら心」が大切です。それが発想の転換や意外性を生むのです。

そのために心掛けていることがあります。それは、

「発想を豊かに、作業は手元で」

ということです。

本来は発想を豊かにするためには、ある程度、ゆとりがなければできません。教師の仕事は創造的であるべきです。ただ、現状の教師の異常な忙しさの中で、自らの頭の中をクリアにして、新たなものをつくりあげるためには、やはり道具や工夫が大切であるということです。ここではいくつかの具体例を紹介しただけなので、ぜひ自分に合った方法を見つけ出してほしいと思っています。

そして今の時代、情報収集や加工が手元でできる時代になったことを大いに利用したいものです。昔のように図書館に通い、分厚い本や資料とにらめっこするだけが「準備」ではないということです（もちろん図書館通いと資料とのにらめっこも嫌いではないし、必要だと考えています）。

教師の仕事のやりがいと生きがいは、今の時代、待っていてもやってきません。どんどん攻めていこうではありませんか。

私たち自身が胸を張って、自らの要求と工夫、そして共同の力で、働き方改革を進め、なるべく「やりたいこと」ができる状況をつくり出していきましょう！

教師3年目の彼女は校門の前で足が止まり、それ以上一歩も進めなくなりました。なんとか校舎に入っても、吐き気をもよおし、何度も戻してしまいました。先日の保護者会でも、保護者の前で何も話せなくなり、体調不良を理由に、保護者のみなさんには帰宅してもらったばかりです。

教室の中を、常に誰かに見張られているような気がして、教室の窓という窓に、中が見えないように、掲示物を張り巡らせました。子どもが管理職に自分の悪いところを告げ口しているような気がして、その子どもに強く当たりました。

何もかもネガティブに考えてしまい、ようやく心療内科で診察を受けたところ、休職を勧められました。1年間休んで現場に復帰しましたが、再び体調を崩しました。結局、教師の仕事はあきらめることにしました。

教師として歩み始めた1年目の夏休み、新採研の合宿から戻った2日後、彼は命を落としました。

彼が勤務していた学校は、体育の研究では歴史ある学校でした。早朝に子どもが器械体操の練習に来ることもあり、自動的に教師の出勤は6～7時台になります。公開研究会の指導案作成時は、日をまたいでの勤務もありました。そんな中、1年目の教師はどれだけ心身に負荷が与えられ続けたのでしょうか。

彼のお葬式に参列した友人から次のような話を聞き、私は涙しました。

「お化粧のせいかもしれませんが、彼の目から赤い涙が流れていました。血の涙のように見えて……、悔しかったんだと思います」


彼らは、教師の仕事に夢を持っていたはずです。

彼らは、子どもの笑顔が見たかっただけなのです。

学校現場は、そんな彼らから、夢と子どもたちの笑顔を奪いました。


子どもと教師ファーストで現場の働き方の改革を提起していくことは、私たち世代の責任です。子どもたちと教師が、もう二度と悲しい涙を流さないことを願いながら。

本書から、そんなメッセージがみなさんに届くことを祈りつつ。

塩崎　義明

2019年9月

時短術から見る学校のリアル

内田　良
（名古屋大学准教授）

■時短術ブームは何を意味しているのか

先生の「時短術」は、おもしろい。

本やインターネット上には、「パソコンで名字を入力すればフルネームが候補に出てくるように辞書登録しておく」「テストの提出は出席番号順に提出してもらう」「教材やワークシートなどを教師間で共有する」など、学校以外の職場にも適用できそうなさまざまな技が紹介されています。究極には、「廊下は小走り」や「給食は流し込む」といった笑えない現実まで、先生の一挙手一投足に時短が求められています。

時短術をアイディア集として読み流していく分には、とても勉強になることばかりです。ところが、そこまでして先生の日常が追い詰められているのかと想像してみると、急に息苦しくなります。

次々と降ってくる学校の業務。国や教育委員会から、校長や教頭から、さらには保護者からと、一つ仕事をこなしたところでまた次の仕事がやってくる。時短術とは、その膨大な業務量に押しつぶされそうな先生たちが見出した、最後の答え（あがき）のようにも思えてくるのです。

塩崎義明先生による本書『教師と子どものための働き方改革』は、この時短術の話題から始まります。

ただしそれは、具体的な時短術を並べるものではありません。その着眼点は「教師の多忙化は教師個々のスキルの問題だけで解決できるものではない」ことに向けられています。すなわち、個々の仕事を合理化していく時短の取り組みはとても大事なことだけれども、それと同時に考えるべきことがある。「学校現場の異常で、時に理不尽な忙しさは、現場を忙しくさせているものの正体を考えなければ解決に至りません」と、塩崎先生は主張します。

文部科学省による２０１６年度の教員勤務実態調査では、教師の学校滞在時間（平均）は、小学校で11時間15分、中学校で11時間32分に達し、小学校で3割、中学校で6割の教師が過労死ライン（月に80時間以上の時間外労働）を超えて働いています。

しかも教師の実質的な休憩時間は、小学校で1分、中学校で2分と、学校にいる間はずっと息つく暇なく働き続ける姿が見えてきます。

先生たちの職場はいま、あまりに理不尽で過酷な状況に置かれています。そのリアクションの一つが時短術となって現れているのであって、この理不尽な労働環境そのものを批判的に検討しなければなりません。それが、本書の根底にある問題意識です。

■翻弄される先生たち

本書は教師の理不尽な長時間労働の背景の一つとして、「一斉・一律主義」と「競争主義」の浸透を挙げています。すなわち、みんなが一斉に同じことに取り組み、その成果を競争していくというものです。

そのわかりやすい例が、本書でも取り上げられている「学力テスト」です。

先に申し上げておくと、私は「学力テストはいっさい不要だ」という結論にもっていきたいのではありません。私は、学力テストは一つの指標として有効であるし、またその学力を競うことも大切な営みであると考えています。しかしながら、たとえば毎年4月に行われている「全国学力・学習状況調査」（いわゆる「全国学力テスト」）

は、現在の実施方法ではその負の側面が大きすぎると考えています。

全国学力テストは、毎年4月下旬頃に実施され、小学6年生と中学3年生の全員が対象とされていて、公立・国立の小中学校ではほぼすべての学校が調査に参加しています（私立校の実施率は小中いずれも5割程度）。

ある成績上位県の公立小学校に勤務する先生が、十数年続く全国学力テストをこう振り返っていました――「2007年の第1回目のとき、うちの県はけっこう成績がよかったんです。『自分たちがやってきたことは、まちがいじゃなかったんだ』と、率直にうれしかったです。でも、翌年からは、地獄が始まりました」。

つまり、自分の自治体の学力水準が（とてもよかったと）明らかになったことはうれしかった。けれども、それ以降は上位を維持するために、テストの点数を上げることに尽力せざるを得なくなり、そのため過去問をくり返し解いたり、宿題を多くしたりして、全国学力テストに翻弄されるようになったと言うのです。

例年成績上位の常連である秋田県では、教職員組合が実施した2018年の調査（秋田県教職員組合「2018全国学力・学習状況調査　事前対策・自校採点等の実施状況アンケート　結果」）によると、事前対策を行った学校は、小学校で98・7％、中学校で75・6%に上ったとのことです。

全国の教師や学校が、競争に勝つべく、テストの点数を上げることに尽力する。「一斉・一律主義」と「競争主義」という「二つの流れが押し寄せていることが、学校や教師を多忙にさせ、多忙感を助長させている」と、塩崎先生は看破しています。

教師はいま、個々に時短に取り組み、苦境を乗り越えようと頑張っています。私たちは、一人ひとりの教師が時短術により変わろうとしているという事態から出発して、実は教育行政こそが変わるべきではないのかと問わねばなりません。

本書のエピローグには、教職をあきらめた先生、新採で命を落とした先生のことが、短く綴られています。こうした塩崎先生の身近なご経験こそ、本書の隠されたプロローグなのだろうと、私は察します。一人ひとりの傷みから出発して、日本の教育を変えていく——本書を片手に、この思いをみんなで大きくしていきましょう。

著者紹介

塩崎 義明
（しおざき・よしあき）

元千葉県浦安市立小学校
教諭・大学非常勤講師

1957年、千葉県生まれ。1981年より、千葉県浦安市の小学校教諭として勤務。37年間の勤務を終え、2018年3月に退職。
「しおちゃんマン」の愛称でホームページやSNS等で発表するゲームや使える小ネタ、現場教師を励ます発言が全国の多くの教師の支持を集めている。

E-Mailアドレス
shiochanman@gmail.com
塩崎義明Online Office
http:// http://shiozaki.info/
しおちゃんマン★ブログ「学校現場への応援歌」
https://shiozaki.blog.fc2.com/
ほか、Twitter、facebookでも発言中。

教師と子どものための働き方改革

あなたが大切にしたい「教師の仕事」は？

2019年10月25日　初版発行

著　者　塩崎　義明
発行人　安部　英行
発行所　学事出版株式会社
〒101-0021
東京都千代田区外神田2-2-3
電話　03-3255-5471
HPアドレス　http://www.gakuji.co.jp/

編集担当　二井　豪
デザイン　田口亜子
編集協力　上田　宙（烏有書林）
印刷・製本　電算印刷株式会社

落丁・乱丁はお取り替えします。
ISBN 978-4-7619-2568-0　C3037